分形在遥感影像地类识别及遥感地表参数尺度转换中的应用

栾海军　著

科学出版社

北京

内 容 简 介

本书将全面展示作者基于分形方法进行遥感影像地类识别与遥感地表参数尺度转换研究的内容。上篇对常用的遥感分形纹理特征提取算法进行分析对比,并进一步提出小波域分形纹理特征提取算法,结合该算法进行高空间分辨率遥感影像(QuickBird)建筑物专题提取实验。下篇从模型构建、遥感影像特性对模型构建最合理尺度层级确定的影响分析、模型应用验证三个方面对基于分形方法的 NDVI 连续空间升尺度转换模型构建进行系统研究;对基于分形方法进行 NDVI 降尺度转换模型构建、NDVI 等遥感地表参数时空尺度转换耦合模型构建进行进一步阐述。在展望部分,本书从三个方面对未来"遥感影像地类识别与定量遥感结合研究"的发展新趋势进行初步阐述。

本书可为遥感专业研究生或从事遥感专业的科研工作者,以及从事分形理论与方法应用研究的数学工作者提供参考。

图书在版编目(CIP)数据

分形在遥感影像地类识别及遥感地表参数尺度转换中的应用/栾海军著.
—北京:科学出版社,2019.6

ISBN 978-7-03-061406-3

I. ①分··· II. ①栾··· III. ①分形图象编码—应用—土地—类型—识别—遥感图象—研究 ②分形图象编码—应用—地表—参数分析—遥感图象—研究 IV. ①F301.2-39 ②P931.2-39

中国版本图书馆 CIP 数据核字(2019)第 106700 号

责任编辑:杨光华 / 责任校对:高 嵘
责任印制:彭 超 / 封面设计:苏 波

科 学 出 版 社 出版

北京东黄城根北街 16 号
邮政编码:100717
http://www.sciencep.com

武汉首壹印务有限公司印刷
科学出版社发行 各地新华书店经销

*

2019 年 6 月第 一 版 开本:787×1092 1/16
2019 年 6 月第一次印刷 印张:11 3/4
字数:275 000

定价:88.00 元
(如有印装质量问题,我社负责调换)

资 助 信 息

本书受国家自然科学基金项目"融合地物类别信息的 NDVI 升降尺度转换耦合研究"（项目批准号：41601350）、福建省自然科学基金项目"融合地物类别信息的 NDVI 尺度转换研究"（项目批准号：2017J05069）和 2018 年度厦门理工学院学术专著出版基金项目资助！

前　　言

作为数学分支的分形几何学，因为具有完整、严谨的理论体系，可针对自然现象多尺度特性的表现、本质及产生原因进行系统研究，并在遥感领域发挥重要作用。对于分形在遥感影像地类识别及遥感地表参数尺度转换中应用的科学意义及本书的撰写初衷可以从以下两方面进行论述。

（1）遥感影像地类识别属于遥感的重要研究内容，得到学者广泛而深入的研究。"异物同谱"是其面临的重要科学问题。地物纹理特征的融入对于解决这一困难问题具有重要意义，这一特点尤其体现在纹理信息丰富的高空间分辨率遥感影像地类识别中。本书将对高空间分辨率遥感影像多尺度分形纹理特征提取及应用进行细致阐述。

（2）尺度转换是定量遥感重要而基础的科学问题之一，对于解决多源遥感影像协同应用、破解遥感影像数据"海量"而应用不足的困境具有重要作用。本书的重要组成部分是考虑利用分形方法解决这一问题，该研究具有重要的科学价值和应用意义。

从已有研究来看，分形方法在遥感影像地类识别中的应用较多，而在遥感地表参数尺度转换研究中的应用较少，本书首次全面展示分形方法在这两个领域的应用情况，可以从以下三个方面对本书进行总结。

（1）结构体系。本书分上篇、下篇及展望三部分，上篇为高分辨率遥感影像小波域分形纹理特征提取及应用，下篇为基于分形理论的遥感地表参数尺度转换，展望为遥感影像地类识别与定量遥感结合研究新趋势。

（2）内容范围。本书主要包含分形方法在遥感影像地类识别中的应用研究、分形方法在遥感地表参数尺度转换中的应用研究两部分，在此基础上对未来遥感"地类识别与定量遥感结合研究"的发展趋势进行初步阐述。在遥感影像地类识别研究中，本书对常用的分形纹理特征提取算法[三角棱柱法、分形布朗运动法、差分盒维数（differential box-counting，DBC）法和多重分形法等]进行分析对比，优选出地类区分度高、计算效率高的方法，并进一步结合小波多尺度分析方法，提出小波域分形纹理特征提取算法，然后结合该算法，进行高空间分辨率遥感影像（QuickBird）建筑物专题提取实验，取得较好效果。在遥感地表参数尺度转换研究中，本书首先从三个方面对基于分形理论的归一化差分植被指数（normalized difference vegetation index，NDVI）连续空间升尺度转换模型构建进行系统研究：①基于分形理论的 NDVI 连续尺度转换模型构建；②遥感影像不同特性对模型构建最合理尺度层级确定的影响分析；③NDVI 连续尺度转换模型应用验证，这些为遥感地表参数升尺度转换研究提供新的参考。其次考虑到分形迭代函数系统（iterated function system，IFS）在描述分形现象内在动力学过程方面的优势，基于分形 IFS 进行 NDVI 降尺度转换模型构建研究，它可弥补 NDVI 升尺度转换在动力学过程呈现方面的不足，而 NDVI 等遥感地表参数升降尺度转换融合用于真实性检验有利于获取更为全面、准确的验证结果。最后考虑到遥感地表参数尺度效应同时具备时间与空间特性，结合多重分形方法的特点，对其构建 NDVI 等遥感地表参数时空尺度转换耦合模型的实现方法进行阐述。在本书展望部分，从三个方面对未来"遥感影像地类识别与定量遥感结合研究"的发展新趋势进行初步阐述：①遥感影像地类识别独立研究的不足与改进，即融合地表温度信息的遥感影像地类识别优化；②定量遥感独立研究的不足与改进，即融合地物类别信息的 NDVI 升尺度转换研究；③"遥感影像地类识别与定量遥感结合研究"总结。

（3）学术价值。书中研究结果可为遥感影像地类识别及广泛应用提供更多支持，同时为定量遥感尺度转换研究提供新的思路，为遥感地表参数真实性检验及其拓展应用提供重要支持；而本书所提出的"遥感影像地类识别与定量遥感结合研究"的思想将为遥感今后发展提供有意义的借鉴。

由于作者水平有限，书中难免存在疏漏之处，希望广大读者批评指正，积极提供宝贵意见与建议！

作　者

2019 年 4 月

目　　录

展　　望

上 篇

高分辨率遥感影像小波域分形纹理特征提取及应用

分形于 20 世纪 80 年代被提出，并渐渐兴起至目前广泛应用。在测绘科学技术领域，通过对 20 世纪 90 年代以来，尤其是 2000 年以后的主流学术期刊研究论文的检索和分析发现：分形理论与方法在遥感影像纹理提取及其在分割与地物识别中的应用[1-21]、地形地貌[包含数字高程模型（digital elevation model，DEM）、海岸线、水系等]和空间结构的刻画及其仿真[22-37]、地图制图综合[38-50]、专题地类空间结构刻画和地表整体景观格局变化的定量描述[51-64]、气象要素（如云雾闪电）几何形态刻画及其仿真[65-69]、影像压缩[70-73]等诸多方面得到广泛、深入的应用，获得大量研究成果。本篇将侧重呈现作者将分形理论与方法应用于高空间分辨率遥感影像纹理特征提取及地类识别方面的研究结果。

高分辨率影像具有丰富的纹理特征，在影像分析和地物自动识别中，纹理特征作为影像光谱特征的重要辅助特征，发挥着相当重要的作用。遥感影像纹理特征提取、分类及分割等工作，是遥感图像处理的重要研究课题，有着广阔的应用前景。

本篇提出并实现了分形与小波相结合的小波域分形纹理特征提取方法，并利用福州市 QuickBird 多光谱影像，结合小波域的纹理特征进行建筑物专题提取实验研究，主要研究内容和成果如下。

（1）遥感影像分形纹理特征计算与对比分析。实现常用的三角棱柱法、分形布朗运动法、差分盒维数法和多重分形法等的分维数计算。以方差和计算时间为标准，对常用分维数计算方法估算的遥感影像的分维数进行对比分析，结果表明：差分盒维数法和多重分形法是两种对地类区分度高、计算效率高的方法，适用于小波域分形纹理特征提取时的分形计算。

（2）遥感影像小波域分形纹理计算与分析。提出遥感影像小波域分形纹理特征计算方法，对分形与小波方法的结合方式进行研究，通过比较分析，确定整体处理方式的结合方式更为合理，计算效率更高。利用整体处理方式对高分辨率样本影像进行小波域分形纹理特征分析，结果表明：小波分解第一和第二层粗信息影像、第一和第二层三个方向细节信息的均值影像的差分盒维数空隙特征及多重分形分维数结果更有利于多尺度纹理特征的提取与分析。

（3）小波域分形纹理特征在建筑物提取中的应用。利用小波域的多尺度分形纹理特征，结合光谱特征，形成高空间分辨率影像建筑物专题提取流程，重点分析窗口大小、分解层次对小波域分形纹理特征的影响。基于福州市的 QuickBird 影像，结合选择出的纹理特征图像，对基于光谱特征的监督分类结果进行改进，改善了影像分类结果及建筑物专题提取精度。

参 考 文 献

[1] 郑肇葆. Cognitive Agent 在图像分割中应用的研究[J]. 武汉大学学报(信息科学版), 2008, 33(7): 665-668.

[2] 郑肇葆. 基于吸引子的图像分割新方法的研究[J]. 武汉大学学报(信息科学版), 2010, 35(10): 1192-1196.

[3] 黄晓东, 刘修国, 陈启浩, 等. 一种综合多特征的全极化 SAR 建筑物分割模型[J]. 武汉大学学报(信息科学版), 2013, 38(4): 450-454.

[4] 陈启浩, 刘修国, 陈奇. 一种综合多特征的全极化 SAR 图像分割方法[J]. 武汉大学学报(信息科学版), 2014, 39(12): 1419-1424.

[5] 黄桂兰, 郑肇葆. 模糊聚类分析用于基于分形的影像纹理分类[J]. 武汉测绘科技大学学报, 1995, 20(2): 112-117.

[6] 舒宁. 卫星遥感影像纹理分析与分形分维方法[J]. 武汉测绘科技大学学报, 1998, 23(4): 370-373.

[7] 黄桂兰. 纹理模型法用于影像纹理分类[J]. 武汉测绘科技大学学报, 1998, 23(1): 40-42.

[8] 张继贤, 李德仁. 影像纹理的多标度分形分析[J]. 武汉测绘科技大学学报, 1995, 20(2): 106-111.

[9] 巫兆聪, 方圣辉. 基于分形理论的 SAR 图像边缘检测[J]. 武汉大学学报(信息科学版), 2000, 25(4): 334-337.

[10] 杨文, 孙洪, 徐新, 等. 星载 SAR 图像船舶及航迹检测[J]. 武汉大学学报(信息科学版), 2004, 29(8): 682-685.

[11] 刘大伟, 孙国清, 过志锋. 一种基于空间虚拟场景的森林冠层雷达相干散射模型[J]. 武汉大学学报(信息科学版), 2008, 33(2): 120-123.

[12] 陶荣华, 刘翠华, 陈标, 等. 船只衰落尾迹的小波多尺度广义分形特征分析[J]. 测绘科学技术学报, 2009, 26(3): 184-186.

[13] 舒宁, 苏俊英. 高光谱影像纹理特征编码分形特征研究[J]. 武汉大学学报(信息科学版), 2009, 34(4): 379-382.

[14] 吕维, 胡涛, 廖明生, 等. 用于高分辨率 SAR 影像建筑物提取的对象级高亮特征描述方法[J]. 武汉大学学报(信息科学版), 2014, 39(2): 220-224.

[15] 张晗, 倪维平, 严卫东, 等. 利用分形和多尺度分析的中低分辨率 SAR 图像变化检测[J]. 武汉大学学报(信息科学版), 2016, 41(5): 642-648.

[16] 郑肇葆, 郑宏. 利用数据引力进行图像分类[J]. 武汉大学学报(信息科学版), 2017, 42(11): 1604-1607.

[17] 林栋, 秦志远, 童晓冲, 等. 融合光谱及形态学信息的对象级空间特征提取方法[J]. 武汉大学学报(信息科学版), 2018, 43(5): 704-710.

[18] 孟令奎, 吕琪菲. 复杂水体边界提取的改进正交 T-Snake 模型[J]. 测绘学报, 2015, 44(6): 670-677.

[19] 郑淑丹, 郑江华, 石明辉, 等. 基于分形和灰度共生矩阵纹理特征的种植型药用植物遥感分类[J]. 遥感学报, 2014, 18(4): 868-886.

[20] 张琴, 谷雨, 徐英, 等. 混合智能优化算法的 SAR 图像特征选择[J]. 遥感学报, 2016, 20(1): 73-79.

[21] 马兰, 姜挺, 江刚武. 尺度分层多阈值结合 SVM 分类的热红外舰船识别[J]. 测绘科学技术学报, 2017, 34(6): 602-606.

[22] 王桥, 龙毅. DEM 数据内插的分形方法及其试验研究[J]. 武汉测绘科技大学学报, 1996, 21(2): 159-162.

[23] 杨玉荣. 基于分形理论的地貌表达[J]. 武汉测绘科技大学学报, 1996, 21(2): 154-158.

[24] 王桥, 胡毓钜. 数字高程模型的随机分形算法研究[J]. 测绘科学技术学报, 1995(1): 64-69.

[25] 陈耀西. 地形仿真用于军事的探索[J]. 测绘科学技术学报, 1997(2): 149-152.

[26] 王光霞, 崔凯, 戴军. 基于分形的 DEM 精度评估[J]. 测绘科学技术学报, 2005, 22(2): 107-109.

[27] 龚桂荣, 杜莹, 欧阳峰. 虚拟地理环境中地面逼真感的实现方法[J]. 测绘科学技术学报, 2009, 26(6): 458-461.

[28] 李精忠, 刘剑炜, 杨泽龙. DEM 数据谷地分维值的估算[J]. 武汉大学学报(信息科学版), 2014, 39(11): 1277-1281.

[29] 汤国安, 那嘉明, 程维明. 我国区域地貌数字地形分析研究进展[J]. 测绘学报, 2017, 46(10):

1570-1591.

[30] 罗传文, 赵蕊, 李继红. 度量映射方法在河流分维测算中的应用[J]. 武汉大学学报(信息科学版), 2006, 31(5): 444-447.

[31] 张华国, 黄韦艮. 基于分形的海岸线遥感信息空间尺度研究[J]. 遥感学报, 2006, 10(4): 463-468.

[32] 高义, 苏奋振, 周成虎, 等. 基于分形的中国大陆海岸线尺度效应研究[J]. 地理学报, 2011, 66(3): 331-339.

[33] 徐进勇, 张增祥, 赵晓丽, 等. 2000—2012 年中国北方海岸线时空变化分析[J]. 地理学报, 2013, 68(5): 651-660.

[34] 侯西勇, 毋亭, 侯婉, 等. 20 世纪 40 年代初以来中国大陆海岸线变化特征[J]. 中国科学(地球科学), 2016, 46(8): 1065.

[35] 张丽, 戴斌祥, 王光谦, 等. 基于 Tokunaga 网络的河网形态特征量化[J]. 中国科学(地球科学), 2009(10): 1413-1420.

[36] 吴雷, 许有鹏, 徐羽, 等. 平原水网地区快速城市化对河流水系的影响[J]. 地理学报, 2018, 73(1): 104-114.

[37] 陈文磊, 魏加华, 李美娇, 等. 河床表面分形度量及其在河型判别中的应用[J]. 中国科学(技术科学), 2015, 45(10): 1073-1079.

[38] 王桥, 毋河海. 地图图斑群自动综合的分形方法研究[J]. 武汉测绘科技大学学报, 1996, 21(1): 59-63.

[39] 吴纪桃, 王桥. 地图图斑形状特征的量化及其分形模型研究[J]. 武汉测绘科技大学学报, 1995, 20(2): 129-134.

[40] 向飞, 扬海峰, 陈耀西. 分形在快速测绘保障中的应用[J]. 测绘科学技术学报, 1996, 13(3): 224-227.

[41] 王桥, 吴纪桃. 复杂等高线自动综合的分形处理方法研究[J]. 测绘科学技术学报, 1995(2): 125-130.

[42] 王桥. 线状地图要素的自相似性分析及其自动综合[J]. 武汉测绘科技大学学报, 1995, 20(2): 123-128.

[43] 毋河海. 自动综合的结构化实现[J]. 武汉测绘科技大学学报, 1996, 21(3): 277-285.

[44] 王桥, 胡毓钜. 基于分形分析的自动化制图综合研究[J]. 测绘学报, 1995(3): 211-216.

[45] 王桥, 吴纪桃. 一种新分维估值方法作为工具的自动制图综合[J]. 测绘学报, 1996(1): 10-16.

[46] 王桥, 吴纪桃. 制图综合方根规模模型的分形扩展[J]. 测绘学报, 1996(2): 104-109.

[47] 何宗宜, 阮依香, 尹为利. 基于分形理论的水系要素制图综合研究[J]. 武汉大学学报(信息科学版), 2002(4): 427-431.

[48] 蔡金华, 龙毅, 毋河海, 等. 一种利用反 S 数学模型自动确定地图目标分形无标度区的新方法(英文)[J]. 测绘学报, 2006, 35(2): 177-183.

[49] 邓敏, 陈杰, 李志林. 计算地图线目标分形维数的缓冲区方法[J]. 武汉大学学报(信息科学版), 2009, 34(6): 745-747.

[50] 牛继强, 徐丰, 秦耀辰. 多尺度表达中线状要素的综合不确定性评价模型[J]. 测绘科学技术学报, 2015, 32(6): 640-644.

[51] 朱启疆, 戎太宗, 孙睿, 等. 林火扩展的分形模拟案例研究[J]. 中国科学(技术科学), 2000, 30(s1): 106-112, 114.

[52] 刘妙龙, 黄佩蓓. 分形理论在城市交通网络时空演变特征研究中的应用: 以上海市为例[J]. 武汉大学学报(信息科学版), 2003, 28(6): 749-753.

[53] 孙华, 李云梅, 王秀珍, 等. 典型小流域土地利用景观生态评价方法及其应用研究: 以浙江仙居县永安溪为例[J]. 武汉大学学报(信息科学版), 2003, 28(2): 177-181.

[54] 彭建, 王仰麟, 张源, 等. 土地利用分类对景观格局指数的影响[J]. 地理学报, 2006, 61(2): 157-168.

[55] 宋吉涛, 方创琳, 宋敦江. 中国城市群空间结构的稳定性分析[J]. 地理学报, 2006, 61(12):

1311-1325.

[56] 马荣华, 顾朝林, 蒲英霞, 等. 苏南沿江城镇扩展的空间模式及其测度[J]. 地理学报, 2007, 62(10): 1011-1022.

[57] 李建平, 高峰, 张柏. 吉林省近 20 年景观空间格局动态变化研究[J]. 地球空间信息科学学报(英文版), 2007, 10(2): 364-367.

[58] 马晓冬, 朱传耿, 马荣华, 等. 苏州地区城镇扩展的空间格局及其演化分析[J]. 地理学报, 2008, 63(4): 405-416.

[59] 车前进, 段学军, 郭垚, 等. 长江三角洲地区城镇空间扩展特征及机制[J]. 地理学报, 2011, 66(4): 446-456.

[60] 林慧, 郑新奇, 张春晓. 基于分形 Voronoi 图的城市空间分布特征数据挖掘: 以山西省为例[J]. 测绘学报, 2015, 44(s12): 13-18.

[61] 李小建, 许家伟, 海贝贝. 县域聚落分布格局演变分析: 基于 1929—2013 年河南巩义的实证研究[J]. 地理学报, 2015, 70(12): 1870-1883.

[62] 李畅, 李桂娥, 朱昱佳. 城市交通网络分形维数的不确定性估计、控制与分析[J]. 遥感学报, 2017, 21(1): 74-83.

[63] 郭建科, 陈园月, 于旭会, 等. 1985 年来环渤海地区港口体系位序: 规模分布及作用机制[J]. 地理学报, 2017, 72(10): 1812-1826.

[64] 王海军, 张彬, 刘耀林, 等. 基于重心–GTWR 模型的京津冀城市群城镇扩展格局与驱动力多维解析[J]. 地理学报, 2018, 73(6): 1076-1092.

[65] 张顺谦, 杨秀蓉. 神经网络和分形纹理在夜间云雾分离中的应用[J]. 遥感学报, 2006, 10(4): 497-501.

[66] 李锋, 万刚, 马伟. 视景仿真中实体云的建模与渲染技术[J]. 测绘科学技术学报, 2007, 24(1): 76-78.

[67] 谭涌波, 陶善昌, 祝宝友, 等. 雷暴云内闪电双层、分枝结构的数值模拟[J]. 中国科学(地球科学), 2006, 36(5): 486-496.

[68] 单娜, 郑天垚, 王贞松. 快速高准确度云检测算法及其应用[J]. 遥感学报, 2009(6): 1147-1154.

[69] 罗哲贤, 王颖, 马革兰, 等. 热带气旋 Dan 移动过程中边缘线分形维数的变化: 观测事实和可能原因[J]. 中国科学(地球科学), 2014(4): 735-743.

[70] 陈冬林, 沈邦乐. 基于分形的灰度图像压缩算法[J]. 测绘科学技术学报, 1998(1): 21-24.

[71] 胡兴堂, 张兵, 张霞, 等. 基于小波变换的海量高光谱遥感数据分形编码压缩算法研究[J]. 中国科学(技术科学), 2006, 36(s1): 45-53.

[72] 齐利敏, 刘文耀, 张桂敏. 一种基于分形的图像压缩方法[J]. 武汉大学学报(信息科学版), 2008, 33(6): 648-651.

[73] 刘佶鑫, 孙权森. 多尺度分形压缩感知遥感成像方法[J]. 测绘学报, 2013(6): 846-852.

第 1 章　遥感影像分形纹理特征计算与分析

　　自然界中如地形地貌等诸多地理现象及许多地物都具有分维性。遥感影像中所包含的信息反映了地形地貌、水系网络、海岸线和岛屿分布、城镇分布等地理现象，这些现象在一定程度上都具有分维性，这也为遥感影像的分形分析提供了可能性。分形理论在遥感领域的应用之一便是用来分析遥感影像的结构特征。遥感影像的结构特征量可以通过图像上灰度的空间变化来反应，图像平面上灰度的空间变化可以看成一个曲面，曲面的复杂程度可以由分维数进行量化表示。

　　其中，基于分形维的遥感影像纹理分类、分割是以影像的分维数为基础，影像分维数不同，则判定其属于不同的纹理类型，可能属于不同的地物类别（同一地类可能有多种表现形式，这也就对应有多种结构形式）。因此，分维数的计算十分重要，这就需要选择合适的分维数计算方法进行维数估计。分形纹理特征提取方法除发展初期的分线法、三角棱柱法与变量图方法[1]之外，还有后来发展的改进的分线法[2]、分形布朗运动[3]、盒维数[4]、差分盒维数[5]及多重分形[6]等计算方法。各种方法各有利弊，需要依据实际情形甄选采用。这里对几种常用的遥感影像分形纹理特征计算方法进行实现（基于 MATLAB 语言，部分核心代码见附录），对不同方法进行对比分析。

1.1　基于分线法的分形纹理特征分析

分形这个术语由美籍法国数学家 Benoit B. Mandelbort 于 1975 年最先提出。1982 年，随着 Benoit B. Mandelbrot 的 *The Fractal Geometry of Nature* 第二版的问世，分形这个概念才广为人知。自然界中不同种类的物质形态一般具有不同的维数，且自然界的分形与图像的灰度之间有一定的对应关系，因此分维数可以用来描述图像表面的纹理特征和粗糙程度。众多学者将它用于自然纹理图像描述[3, 7]、图案设计[8]、模式识别[6, 9-10]等多个领域之中。遥感影像是一种反映地球表面地形、地貌的特殊图像，遥感图像的分形特征分析能定量洞悉其中的空间结构信息，分形已经被广泛应用于气象卫星云雾分离[11-12]、高光谱数据波段选择[13-14]、城市遥感影像阴影去除[15]、热场分布[4, 16]、城市结构分析[5]等遥感图像分析与处理中。

分维数有不同的测度，相应也有不同的概念，实现的算法也有多种。Jaggi 等[1]提出并实现了分线法、三角棱柱法与变量图方法三种遥感图像分维数计算方法。徐青等[17]、杜华强等[13]、邢帅等[18]、陈小梅等[19]分别对其中的一种或几种方法进行了实验，取得了较好的结果。除此之外，还有分形布朗运动[3]、盒维数[4]、差分盒维数[5]及多重分形[6]等分维数计算方法。上述这些方法各有优缺点，相比之下，分线法原理简单，方法成熟，特别是在表现影像纹理方面很有优势。因此，这里采用分线法计算图像的分维数，并以此分析多源遥感影像的分维特征。

1.1.1　分线法的实现与改进

1. 分线法的实现

分线法的基本原理[1]是用不同"步长"测量一条曲线的长度，进而推算出其分维数，将一维曲线的情况推广到二维即可测量图像的分维数。

曲线分维数的计算公式如下：

$$D = \ln N_s / \ln r_s \tag{1.1}$$

式中：r_s 是相似比（或步长尺寸的倒数）；N_s 是测量曲线所得的步长数。

式（1.1）对严格自相似的物体是有效的，然而自然物体有完全自相似性的很少见，它们只是统计上的自相似，故对式（1.1）做如下变换：

$$\ln Y = B \ln X + C \tag{1.2}$$

$$D = 1 - B \tag{1.3}$$

式中：Y 是曲线的长度；X 是步长大小；B 是回归直线的斜率；C 是常量。

式（1.3）得到的是一条曲线的分维数，通过相似逻辑，可以得出面的分维数是求得的线的分维数加 1，即

$$D = 2 - B \qquad (1.4)$$

分维数是对地物结构复杂程度的量化反应，分维数越大，表明地物结构越复杂。
分线法计算图像分维数流程图如图 1.1 所示。

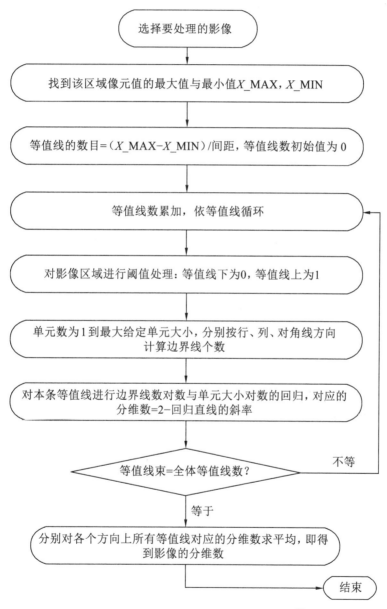

图 1.1　分线法计算图像分维数流程图[2]

2. 利用三折线拟合法改进分线法

分形的一个重要特征是无标度性，它意味着分形对象在各个尺度下都具有自相似性。
但是现实中数据无法严格满足这个条件，只在一定的标度范围内可以近似达到，该区间即无标度区间。只有在无标度区间内计算的分维数才是有意义的,因此如何确定无标度区间是计算分维数需要考虑的问题。

最简单的确定无标度区间的方法是目视判定法,即直接在双对数散点图上通过观察判定无标度区间的范围。这种方法无严格理论基础,可信度不高,不能推广使用。Yokoya等[20]提出采用三折线拟合法来确定无标度区间,此后也有学者[18]对此方法进行了实验,取得了较好的结果。

三折线拟合法的原理是:用三条折线段拟合双对数散点数据,在满足总体拟合误差最小的条件下,取中间折线段所对应的区域为无标度区间。图 1.2 是三折线拟合法示意图。

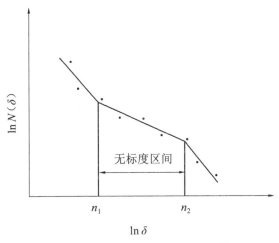

图 1.2　三折线拟合法示意图[2]

设图 1.2 中所得散点数据个数为 n,值为 (x_i, y_i),$i = 1, 2, \cdots, n$。假设无标度区间上下端点为 n_1、n_2,有 $1 < n_1 < n_2 < n$。三折线拟合法的数学模型[2]为

$$G(n_1, n_2) = \sum_{k=1}^{3} \sum_{i=m_{k1}}^{m_k} (y_i - a_k - b_k x_i)^2 = \mathrm{MIN} \tag{1.5}$$

式中:$G(n_1, n_2)$ 是模型结果;k 是不同段折线的编号;m_{k1} 是第 k 段折线内第一个散点编号,m_{k1} 递增至 m_k;m_k 是第 k 段折线内最后一个散点编号;a_k、b_k 是第 k 段折线的拟合直线的截距与斜率;MIN 是最小值。故求解出满足式(1.5)的 n_1、n_2 值,即得到了无标度区间的范围。

使用三折线拟合法确定无标度区间符合分形特性的内在要求,结合三折线拟合法的分线法是对单一分线法有意义的改进。

1.1.2　实验分析

1. 分线法改进效果实验

因为纯净水体灰度均一,结构简单,分维数很小,所以选择 SPOT-5(10 m)多光谱

影像上一较为纯净的水域（图 1.3），以其绿光波段为例，利用三折线拟合法改进分线法，并对计算结果（以按行处理为例）进行分析。

图 1.3　实验水域

利用上述方法计算的分维数与最大步长单元数的大小及等值线的条数有密切关系。表 1.1 是相应的实验结果。

表 1.1　改进后的分线法与最大步长单元数、等值线条数的关系[2]

D、R 与最大步长单元数的关系（等值线条数为 13）			D、R 与等值线条数的关系（最大步长单元数为 55）		
最大步长单元数	D	R	等值线条数	D	R
7	2.658 9	−0.980 3	2	——	——
9	2.967 0	−0.997 3	5	2.280 3	−0.808 6
11	2.190 8	−0.839 9	7	——	——
14	2.349 8	−0.894 7	9	2.253 5	−0.909 8
20	2.271 7	−0.852 1	11	2.253 5	−0.909 8
30	2.371 9	−0.877 8	13	2.253 5	−0.909 8
35	2.429 8	−0.929 0	15	2.253 5	−0.909 8
45	2.274 8	−0.914 6	17	2.253 5	−0.908 9
52	2.272 3	−0.908 9	19	2.253 5	−0.909 8
55	2.253 5	−0.909 8			
58	2.253 5	−0.909 8			
63	2.917 4	−0.922 3			

注：R 为式（1.2）计算时线性拟合的相关系数

　　分析表 1.1 可知：当步长很小时，一方面此时的数据无法包含地物在较大步长下的结构信息，不能完整地反映地物的结构特征，另一方面使用较少的数据进行三折线拟合，利用中间线段数据估计分维数，容易过高或过低估计分维数。当步长很大时，由于地物并不具有严格的自相似性，步长太大时所对应的边长个数与标准分形状况下的个数差别较大，如果将这些数据参与三折线拟合，会使结果不准确，甚至没有有效的结果（D、R 不能同时在合理的范围内）。

　　根据图像灰度值的分布特征，大部分灰度值位于均值附近，因此只有在等值线值接近均值时所得到的二值图像才能更好地体现整幅图像各灰度值的作用。等值线值过大或者过小都不适宜。条数太少，接近均值的等值线的数目就相对少，会影响计算结果的准确性；条数太多，会使计算量迅速增大，降低运算效率，而且当等值线条数达到一定值后，计算的分维数会趋于稳定。这里的实验中，由于水体整体灰度值差异小，所需等值线条数也会相对少，在等值线达到 9 条以后，分维数就稳定了。因此，选择适当的步长、设置适宜的等值线条数对有效求取正确的分维数具有重要的作用。

　　对传统分线法与改进后分线法进行对比实验，结果如表 1.2 所示。

表 1.2　传统分线法与改进后分线法计算的分维数比较[2]

等值线值	传统分线法		改进后分线法	
	D	R	D	R
112	2.105 1	−0.103 4	—	—
113	2.842 6	−0.953 4	−0.777 0	0.821 9
114	2.610 1	−0.975 7	2.445 2	−0.775 5
115	2.534 5	−0.969 5	2.178 2	−0.867 6
116	2.507 2	−0.954 6	2.178 2	−0.867 6
117	2.368 7	−0.958 5	2.285 0	−0.897 8
118	2.433 8	−0.955 4	3.485 1	−0.969 4
119	2.475 1	−0.938 5	3.485 1	−0.969 4
120	2.391 1	−0.889 4	—	—
121	2.314 8	−0.862 7	—	—
122	2.414 9	−0.892 2	—	—
123	2.346 4	−0.868 1	—	—
有效计算结果的平均值	2.476 3	−0.928 9	2.271 7	−0.852 1

　　由上面的实验结果可以得出结论：水体的 D 值应该在（2.0，3.0）内，表 1.2 中 D 值在此范围之外的情况表明，当用较小或较大的等值线值去处理图像时，所得的二值图像便不再具有分维性，而且在确定无标度区间之后，得到的分维数结果 2.271 7 较不确定无标

度区间的值 2.476 3 更为合理。这说明结合三折线拟合法的分线法所得的计算结果具有实际意义并且更为准确，它是对传统分线法必要且有效的改进。

2. 多源遥感影像纹理特征分析

使用改进的分线法计算地物在水平、垂直、对角三个方向的分维数，对福州市多源遥感影像的分维特征进行实验研究。这些影像包括分辨率为 2.4 m 的 QuickBird 多光谱影像、分辨率为 10 m 的 SPOT-5 多光谱影像、分辨率为 20 m 的 CBERS-02 多光谱影像、分辨率为 30 m 的 TM 多光谱影像及分辨率为 32 m 的北京一号（BJ-1）多光谱影像，并选用绿光波段进行实验研究。

将影像中的地物主要分为城区、田地、山体植被和水体四类。根据各类地物在影像上所占的比例，以不同的窗口对各类地物选择适量的样本，并计算它们的分维数。取多个样本分维数的均值作为该类地物最终的分维数。图 1.4 和图 1.5 分别从地物类别、纹理方向两个角度对实验结果进行展现，以便更全面地分析地物的分维特征。

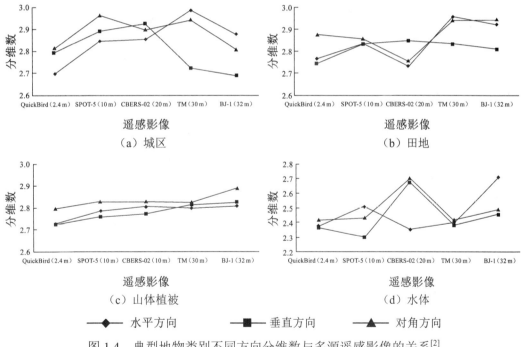

图 1.4　典型地物类别不同方向分维数与多源遥感影像的关系[2]

从图 1.4 可以得出以下结论。

（1）城区建筑物、道路等人工地物种类繁多，形式多变，水体、植被等天然地物交错其间，结构复杂，分维数很大。

（2）在中国南方地区，特别是在山区，田地地块小，农作物种类较多，河道、池塘、小路交错其间，整体结构比较复杂，故分维数比较大。

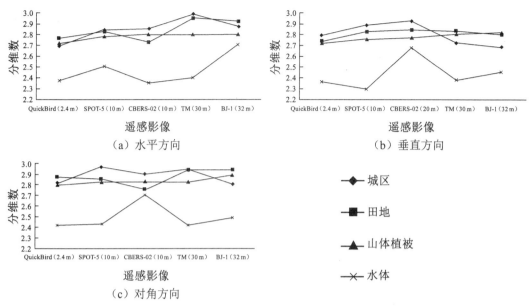

（a）水平方向　　　　　　　　　　　（b）垂直方向

（c）对角方向

◆ 城区

■ 田地

▲ 山体植被

✕ 水体

图 1.5　典型地物类别在相同方向下的分维数与多源遥感影像关系[2]

（3）山体植被在三个方向上分维数的变化规律在各幅影像上表现得比较相似，大体上随着空间尺度的增加而增加，并且对角方向上的分形特征相对于水平和垂直方向更明显。

（4）在四类地物中，水体的分维数值最小，但与纯净水体的值相比仍显偏大，这与水体水质较差、水面波浪较多有关。CBERS-02 多光谱影像与 BJ-1 多光谱影像的值过大，这是因为影像上水体中含有不少细碎的或者条形的噪声，使水体结构变得复杂，分维数增大。

分析图 1.5 可知：同类地物在不同方向上表现出来的分形特性强度不同，而且这一特点会因传感器的不同而有差异。例如，在 SPOT-5（10 m）多光谱影像上，城区在垂直和对角方向上的分维数明显大于其他地物，田地在水平和垂直方向上的分维数均大于山体植被，水体在各个方向上的分维数均是最小的。这样就对 SPOT-5（10 m）多光谱影像上四类地物做出了区分，同样，在其他类型的影像上也可以做出相似的区分。利用这一特征就可以将影像中四类地物在一定程度上区分开。

综上所述，这四类典型地物的分维特征在不同空间尺度影像上表现得比较相似，这说明地物的分维特征随着分辨率的递变并无明显的变化规律，这与其他学者[18]的研究结果相同。但是在同一空间尺度下，地物分维特征会表现出比较明显的方向性，可以针对不同的传感器选择不同方向上分维数的组合，以便更好地区分地物。

1.1.3　结　　论

遥感影像的分形测量用于描述地物的空间分布规律，能够确定重要的目视判别难以察觉到的定量信息，有助于遥感影像的分析处理。

利用三折线拟合法确定地物的无标度区间,改进传统的分线法,使计算结果具有实际意义并且更为准确。三折线拟合法不仅适用于分线法,对改进其他分维数算法,如地毯覆盖法、盒维数法、差分盒维数法等也具有参考意义。

利用改进后的分线法对同一地区多源遥感影像进行实验分析,得到如下结论:城区、田地、山体植被、水体四类典型地物的分维特征在不同空间尺度的遥感影像上比较相似,在同一尺度的遥感影像上具有比较明显的方向性特点。利用这些特征可以更好地解决遥感影像"同物异谱"和"异物同谱"的问题,从而辅助灰度信息,获得更好的地物识别效果。

分线法属于传统方法,目前应用较多的主要是三角棱柱法、分形布朗运动分维数法、差分盒维数法及多重分形分维数法,下面对其重点介绍。

1.2　基于三角棱柱法的分形纹理特征分析

1.2.1　三角棱柱法

Jaggi 等[1]最先提出使用三角棱柱法计算分维数,刑帅等[18]、陈小梅等[19]对这一方法进行了实验。

三角棱柱法是将影像上像素的灰度值看作独立于平面二维的第三维数值,将遥感影像看作三维"体"影像。该方法以不同面积单元为步长,测量不同步长下的遥感影像"体"的表面面积,然后对步长与表面面积进行线性回归可以得到该影像的分维数,该分维数介于 2.0~3.0。

三角棱柱法的计算流程如下[18-19]:①在每一步长下,由相对距离为一个步长的四个像素（A、B、C、D）及其几何中心处像素（P）构建一个三角棱柱（Aa、Bb、Cc、Dd、Pp 分别为像素 A、B、C、D、P 的灰度值转化所得的 z 轴高度）,如图 1.6 所示;②分别计算该棱柱上表面四个三角形的面积并求和;③遍历整幅影像计算所有三角棱柱上表面面积之和;④重复步骤①~③,得到不同步长下对应的影像总面积;⑤对步长与影像总面积进行对数线性回归,得到回归直线的斜率 B,则影像的分维数为 $D = 1 - B$。

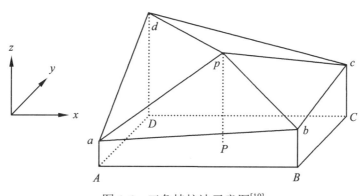

图 1.6　三角棱柱法示意图[19]

1.2.2　遥感影像与样本选择

为了能够更好地反映遥感影像各类地物的纹理特征，使提取方法研究得到的结论更具普适性，需要为影像建立分类体系。分类体系的确定，不仅要考虑国家标准（现行土地分类标准），还要考虑到遥感图像自动分类的实际可能性。

实验影像为 2003 年 3 月 24 日获取的福州市 QuickBird 多光谱影像（图 1.7）。针对实验影像特征和区域特点，将影像分为十类：水体、水产养殖用地（简称养殖用地）、有林地、其他林地（包括灌木林地）、耕地、空闲耕地、居民地、裸地（包括空闲地）、沙洲、滩地。其中，耕地包括水田和旱地，果园由于面积较小，没有将其分为单独的一类；整幅影像中草地面积较小，没有单独将其分为一类，而是将其划归其他林地。通过目视观察，依据各类地物复杂程度的区别，对不同类地物选取数量不等的样本影像，样本影像如图 1.8 所示。此样本影像同样作为 1.3～1.5 节的实验影像。

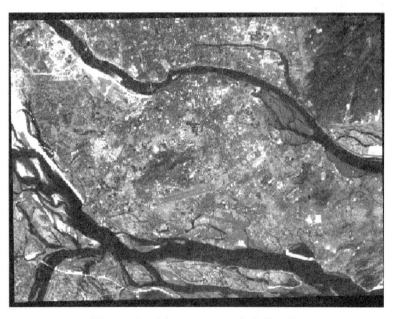

图 1.7　福州市 QuickBird 多光谱影像

（a）水体 1　　　　　（b）水体 2　　　　　（c）水体 3　　　　　（d）养殖用地 1

图 1.8　地物样本影像[21]

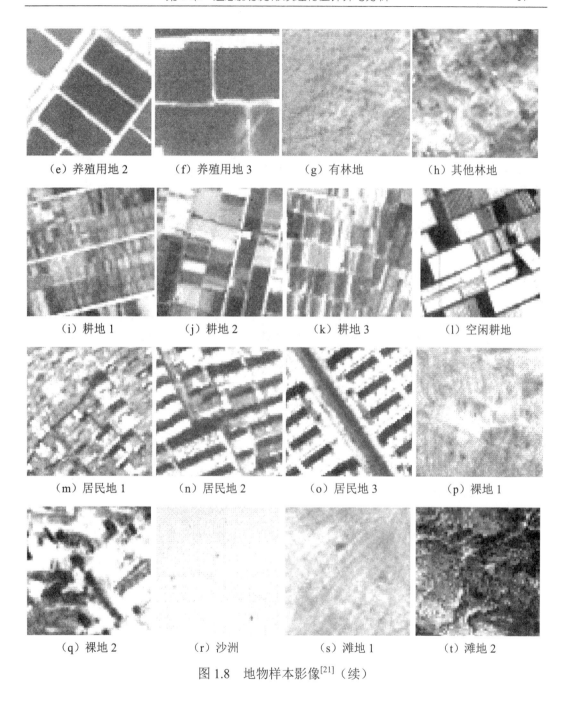

　　(e) 养殖用地 2　　　　　(f) 养殖用地 3　　　　　(g) 有林地　　　　　(h) 其他林地

　　(i) 耕地 1　　　　　(j) 耕地 2　　　　　(k) 耕地 3　　　　　(l) 空闲耕地

　　(m) 居民地 1　　　　　(n) 居民地 2　　　　　(o) 居民地 3　　　　　(p) 裸地 1

　　(q) 裸地 2　　　　　(r) 沙洲　　　　　(s) 滩地 1　　　　　(t) 滩地 2

图 1.8　地物样本影像[21]（续）

　　样区影像为 QuickBird 多光谱影像（四波段），由于多波段影像纹理特征提取研究尚不成熟，目前它仍然是学者关注的一个热点问题，故研究中使用 MATLAB 自身所提供的真彩色图像转化为灰度图像的方法对 QuickBird 多光谱影像进行处理。该转化方法的特点是原理简单，使用方便，不足之处在于它只能对实验影像中的真彩色波段部分进行处理。

1.2.3 纹理特征计算与分析

由于分维数反映了地物结构的复杂程度,分维数越大,说明地物的结构越复杂。一般而言,可以根据地物的复杂情况推断其分维数的相对大小:居民地包含建筑物、四旁树、道路等多类地物,结构复杂,分维数相当大;实验影像区域耕地地块较小,小路、小河、池塘穿插点缀其间,故空闲耕地的结构也较复杂,分维数很大;而有农作物生长的耕地在遥感影像上的结构特征会受到农作物一定程度的影响,其结构特征包含农作物的部分,结构没有空闲耕地复杂,分维数比空闲耕地小一些;裸地(包括空闲地)等其他地类也有一定程度的复杂结构,其分维数比较大;水体、滩地及沙洲结构简单,分维数较小。相关系数可以反映求解分维数时拟合直线的拟合效果,绝对值越接近 1,表明分维数结果越可信,越准确。

根据上述三角棱柱法流程计算各样本图像分维数,结果如表 1.3 所示。

表 1.3 各地类三角棱柱法分维数结果[21]

参数	滩地	居民地	有林地	其他林地	裸地	空闲耕地	耕地	沙洲	养殖用地	水体
分维数	2.386 9	2.567 6	2.445 6	2.472 7	2.475 6	2.575 7	2.517 9	2.392 0	2.467 7	2.288 3
相关系数	−0.989 3	−0.963 9	−0.994 4	−0.977 4	−0.971 9	−0.921 4	−0.963 8	−0.990 0	−0.950 2	−0.979 9

根据前面对各地类分维数的推断及对相关系数的阐述分析与表 1.3 可知:三角棱柱法计算的各地类分维数中,水体、滩地和沙洲的结果比较合理,其他地类的结果基本合理;相关系数反映该方法所得结果比较准确。总体而言,该方法可以在一定程度上描述不同地类的结构特征,可以区分不同的地类。

三角棱柱法克服了分线法[18]易受地物内部噪声影响、计算精度不高的缺点,充分考虑了遥感影像上地物的面状特性,所得的分维数值更为稳定可靠。但该方法由于涉及三角形面积的计算,运算量大,消耗时间长,尤其是对于大幅遥感影像,这一问题更为突出。

1.3 基于分形布朗运动的分形纹理特征分析

1.3.1 分形布朗运动分维数

灰度图像可被看作离散分形布朗随机场模型[22-24]。设定图像像素的灰度值用 $I(x,y)$ 表示,根据离散分形布朗随机场模型的定义及性质,图像中任意两点灰度差值的绝对值的统计平均值 $E|I(x_2,y_2)-I(x_1,y_1)|$ 与 $[(x_2-x_1)^2+(y_2-y_1)^2]^{H/2}$ 之间有如下正比关系:

$$E|I(x_2,y_2)-I(x_1,y_1)| \propto [(x_2-x_1)^2+(y_2-y_1)^2]^{H/2} \tag{1.6}$$

式中：H 是 Hurst 系数，且有 $0 < H < 1$。

令 $\Delta I_{\Delta r} = \left| I(x_2, y_2) - I(x_1, y_1) \right|$、$\Delta r = \left[(x_2 - x_1)^2 + (y_2 - y_1)^2 \right]^{1/2}$，则有

$$E(\Delta I_{\Delta r}) \propto \Delta r^H \tag{1.7}$$

对式（1.7）两端取对数，则有

$$\ln E(\Delta I_{\Delta r}) = H \ln(\Delta r) + C \tag{1.8}$$

式中：C 是常数，可以利用最小二乘线性回归法求出 H。一幅灰度图像的分维数 D 与 H 有下面的关系：

$$D = 3 - H \tag{1.9}$$

在理论上，如果图像是标准的分形图形，那么在所有尺度范围内，计算所得分维数为一常数。但实际中一般的图像总存在一个最大和最小的尺度范围限制，即 $\Delta r_{\max}$ 和 $\Delta r_{\min}$，只有在该范围内，分维数才基本保持为常数。

对于一幅灰度级为 256 的 $M \times M$ 遥感影像，$E(\Delta I_{\Delta r})$ 可表示为 $d(k)$，其计算公式如下：

$$d(k) = \frac{\displaystyle\sum_{x_1=0}^{M-1} \sum_{y_1=0}^{M-1} \sum_{x_2=0}^{M-1} \sum_{y_2=0}^{M-1} \left| I(x_2, y_2) - I(x_1, y_1) \right|}{p(k)} \tag{1.10}$$

式中：x_1、y_1、x_2、y_2 必须满足 $\Delta r_k = \left[(x_2 - x_1)^2 + (y_2 - y_1)^2 \right]^{1/2}$，$\Delta r_k$ 不一定都是整数；$p(k)$ 是距离为 Δr_k 的所有像素对数目。

由于 Δr_k 不一定都是整数，集合 $\{\Delta r_k\}$ 的元素数目很多，有 $\dfrac{M^2}{2} + \dfrac{M}{2} - 1$ 个，式（1.10）的计算量很大。为了减少运算量，提高运算速度，在计算前将 $E(\Delta I_{\Delta r})$ 和 Δr_k 进行规格化处理。$E(\Delta I_{\Delta r})$ 规格化为

$$n_{dl}(k) = \frac{\displaystyle\sum_{x_1=0}^{M-1} \sum_{y_1=0}^{M-1} \sum_{x_2=0}^{M-1} \sum_{y_2=0}^{M-1} \left| I(x_2, y_2) - I(x_1, y_1) \right|}{n_{pn}(k)} \tag{1.11}$$

式中：$n_{pn}(k)$ 是尺度为 k 时符合条件的像素对的总数目。

Δr_k 规格化为

$$\Delta r_k = n_{dr}(k) = k, \qquad k = 1, 2, \cdots, M \tag{1.12}$$

且 $n_{dr}(k) < n_{dr}(k+1)$。

对于不同的尺度 k，可以计算出一组 $\{\ln n_{dl}(k), \ln n_{pn}(k)\}$。利用最小二乘法对这些数据对进行拟合，所得拟合直线的斜率，即为 H 值，再利用式（1.9）就可以得到分维数 D 的值。

1.3.2　纹理特征计算与分析

根据上述算法可以计算各样本图像的分形布朗运动分维数，结果如表 1.4 所示。

表 1.4   各地类分形布朗运动分维数结果[21]

参数	滩地	居民地	有林地	其他林地	裸地	空闲耕地	耕地	沙洲	养殖用地	水体
分维数	2.852 6	2.943 9	2.929 6	2.747 6	2.831 1	2.879 5	2.790 6	2.700 6	2.639 7	2.707 4
相关系数	0.658 0	0.341 3	0.623 4	0.905 1	0.670 6	0.492 5	0.601 2	0.921 0	0.833 7	0.842 4

参考 1.2.3 小节中对各地类分维数的推断及对相关系数的阐述,对表 1.4 进行分析,可以得知:分形布朗运动分维数所得结果中,养殖用地分维数比水体、沙洲和滩地都小,不合理,各地类分维数普遍偏大;从相关系数的值来看,该方法所计算的分维数不够准确。因此,该方法不能准确地区分不同地类,无法有效地提取遥感影像分形特征。

实际中,确定真实图像的分形布朗运动分维数并不容易,这是由于一些固有的不确定因素的影响:分形几何无标度区间 $(\Delta r_{\min}, \Delta r_{\max})$ 的选择,$D\{\ln(\Delta r), \ln[E(\Delta I_{\Delta r})]\}$ 极限的确定。虽然精确估计真实图像的分维数是不易的,但是其精度是可以提高的。例如,根据样本像素对的数量来设定分维数无标度区间 $(\Delta r_{\min}, \Delta r_{\max})$,这样就可以设定一个在该区间内所有像素对的数量大于最小值而小于最大值的尺度范围,从而提高分维数估计精度。

1.4   基于差分盒维数的分形纹理特征分析

1.4.1   差分盒维数法

Sarkar 等[25-26]、Chaudhuri 等[23]在分析了众多算法的基础上,提出了一种简单、快速、精确的分维数计算方法——差分盒维数法。参考其文献,可总结经典的差分盒维数法思想如下。

对于二维空间中有界集合 A,若 A 可以表示为其自身的 N 个互不覆盖的子集的并时,则 A 是自相似的。此时,A 的分形相似维数由下面的关系式给出:

$$1 = N_r r^D \quad 或 \quad D = \ln N_r / \ln(1/r) \tag{1.13}$$

式中:r 是相似比(或步长尺寸的倒数);N_r 是半径为 r 的集合覆盖目标物体所需的最小集合数,对它们取同底的对数;D 是窗口内图像的分形集的分维数。

这种自相似定义理论上好理解,实际上很难计算,实际采用的方法[27]如下。

假设图像大小为 $M \times M$,按比例缩小到 $s \times s$,$1 < s < M / 2$,且 s 取整数,则 r 的计算方法为:$r = M / s$。

把图像看成一个 (x, y, z) 的三维空间,(x, y) 表示二维图像的像素坐标,z 为对应于图像 (x, y) 位置的像素灰度。以 $s \times s$ 区域大小为单位,将 (x, y) 空间划分为多个小区域,在每个小区域上堆叠一系列底面积为 $s \times s$、高为 h 的盒子,其中,每个盒子的体积为 $s \times s \times h$,

盒子高度 h 可根据下式计算:

$$[G/h] = [M/s] \tag{1.14}$$

式中: G 是图像最大灰度值与最小灰度值之差。

若第 (i, j) 块小区域中灰度值最小值、最大值分别落在 K 个、L 个盒子中,这样覆盖该区域所需的盒子数为

$$n_r(i, j) = L - K + 1 \tag{1.15}$$

覆盖整幅图像所需的盒子数为

$$N_r = \sum_{i,j} n_r(i, j) \tag{1.16}$$

求出不同尺度 r 对应的总盒子数 N_r,计算它们的自然对数 $\ln(1/r)$、$\ln N_r$,得到多组 $[\ln(1/r), \ln N_r]$,对这些数据对进行线性拟合,拟合直线的斜率即为所求图像的分维数

$$D = \lim \frac{\ln N_r}{\ln(1/r)} \tag{1.17}$$

在 Keller 空隙特征[28]实现思想的基础上,针对 DBC 法,建立了一种简单有效的 DBC 空隙特征计算方法[29]。设整幅图像所含像素点数为 P,有

$$M(L) = \frac{P}{N_r}, \quad N(L) = \frac{N_r}{P} \tag{1.18}$$

将式(1.18)代入空隙特征计算公式 $C(L) = [M(L) - N(L)]/[M(L) + N(L)]$[28]得

$$C(L) = \frac{P^2 - N_r^2}{P^2 + N_r^2} \tag{1.19}$$

下面说明 $C(L)$ 的意义[29],由 D 的计算可知,$N(L)$ 实际上相当于一个像点所占的比例。因此对纹理图像来说,当纹理基元大于盒子时,每个盒子中的密度分布均匀,即 $M(L)$ 值与 $N(L)$ 值接近,从而使 $C(L)$ 值较小;当纹理基元小于盒子大小时,盒子中的密度 $M(L)$ 大,而覆盖图像所需盒子数较少[$N(L)$ 较小],从而使 $C(L)$ 值接近于 1。当然,L 值较小时的 $C(L)$ 反映了纹理的细节和结构信息。同时,根据 $C(L)$ 增大的速度也可以判断纹理基元的大小。

1.4.2　纹理特征计算与分析

利用上述算法计算各样本图像的差分盒维数法分维数及其空隙特征 $C(L)$,取平均后,结果如表 1.5 和表 1.6 所示。

表 1.5　各地类差分盒维数法分维数值[21]

参数	滩地	居民地	有林地	其他林地	裸地	空闲耕地	耕地	沙洲	养殖用地	水体
分维数	2.389 6	2.565 6	2.485 8	2.523 1	2.507 0	2.572 0	2.484 1	2.221 0	2.347 1	2.341 0
相关系数	−0.982 4	−0.983 9	−0.981 4	−0.984 4	−0.985 3	−0.984 8	−0.985 3	−0.980 3	0.979 4	−0.977 9

表 1.6　各地类差分盒维数法空隙特征值[21]

地类	空 隙 特 征									
	$C(2)$	$C(3)$	$C(4)$	$C(5)$	$C(6)$	$C(7)$	$C(8)$	$C(9)$	$C(10)$	$C(11)$
滩地	-0.276 3	0.531 9	0.872 5	0.956 1	0.980 5	0.988 3	0.996 2	0.996 6	0.998 3	0.999 3
居民地	-0.977 8	-0.879 2	-0.563 8	-0.151 9	0.265 7	0.474 5	0.793 0	0.813 8	0.907 8	0.960 4
有林地	-0.498 3	0.352 8	0.828 9	0.934 3	0.973 9	0.984 6	0.995 2	0.995 6	0.997 7	0.999 1
其他林地	-0.808 6	-0.221 4	0.494 6	0.783 8	0.904 7	0.944 2	0.980 9	0.983 1	0.992 2	0.996 6
裸地	-0.806 4	-0.369 9	0.055 0	0.352 0	0.600 5	0.726 9	0.894 2	0.914 1	0.955 6	0.979 4
空闲耕地	-0.981 6	-0.896 5	-0.617 4	-0.203 7	0.238 1	0.473 0	0.795 1	0.825 8	0.905 5	0.961 2
耕地	-0.899 6	-0.535 9	0.180 4	0.604 8	0.809 7	0.884 7	0.961 9	0.963 8	0.983 1	0.992 0
沙洲	-0.265 1	0.567 7	0.873 6	0.952 8	0.979 7	0.988 5	0.995 0	0.996 0	0.997 9	0.999 1
养殖用地	-0.831 1	-0.275 4	0.403 5	0.716 6	0.867 1	0.916 5	0.970 9	0.973 9	0.986 3	0.994 7
水体	0.339 6	0.849 6	0.964 9	0.987 8	0.994 9	0.997 0	0.999 0	0.999 1	0.999 5	0.999 8

　　参考 1.2.3 小节中对各地类分维数的推断及对相关系数的阐述,对表 1.5 进行分析,可以得知:差分盒维数法计算的分维数结果与对各地类分维数的推断比较吻合,相关系数的值也表明该方法计算的分维数是准确的。因此,差分盒维数法是一种有效的区分遥感影像地物类别的分形方法。

　　图 1.9 为对应于表 1.6 的差分盒维数空隙特征曲线,分析该曲线可知:各地类 $C(L)$ 值随 L 值增大而增大,最后趋于 1,这与前面对 $C(L)$ 意义的分析相吻合。各地类空隙特征

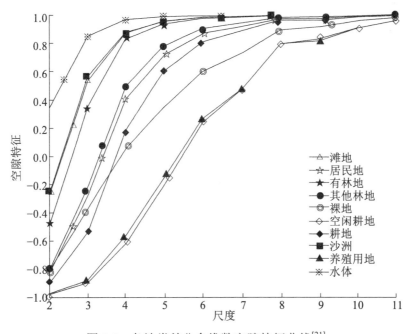

图 1.9　各地类差分盒维数空隙特征曲线[21]

曲线变化快慢不同，如空闲耕地较裸地和水体 $C(L)$ 随 L 的增大而增大的速度更慢，这是由地物自身的结构特性所致；上面的两个特点也使在 L 较小时各地类 L-$C(L)$ 曲线整体分离程度更大，这一特征对利用空隙特征区分不同地类十分重要。

1.5　基于多重分形的纹理特征分析

1.5.1　多重分形分维数

在实际应用中，仅以分维数为指标很难达到好的区分效果。许多视觉差别很大的图像却具有相似的分维数。通过计算分维数无法区分单一分形集（single fractal）和多重分形集（multiple fractal）。为了获得对一个分形集更详细、精确的描述，需要增加能刻画不同分形子集的参数，于是就出现了多重分形理论。

多重分形（multi-fractal）是定义在分形上，由多个标量指数的奇异测度所组成的集合[30]。它刻画的是分形测度在支集上的分布情况。这就是从形体的部分（小尺度）出发，根据自相似性质，研究其最终整体（大尺度）特征的理论基础。

多重分形测度研究物理量或其他量在几何支集上的分布。支集可以是通常的规则集，也可以是分形集。设 x 是拓扑维数为 d 的任一支集，μ 是 x 上的一个测度。对 (x, μ) 作适当的迭式划分，α 是与划分有关的参数。第 n 步划分后具有相同测度 μ_a 的单元构成的子集记作 $x_n(\alpha)$。若 $x_\alpha = \lim\limits_{n \to \infty} x_n(\alpha)$ 是一分形，则 x_α 称为 (x, μ) 的分形子集。一个多重分形可以表示成具有不同维数的分形子集之并。

当分析数字图像 S 时，最常用的计算分维数的方法是前面所述的差分盒维数法。这种方法的一个缺点是：没有考虑图像像素点在不同盒子中的分布特征。为了克服这个缺点，在分析数字图像时，不仅要计算覆盖图像所需的盒子数，还要统计不同盒子所含的像素点数。为此，针对每个盒子分配一个量：

$$\mu_i = \frac{N_i}{N} \tag{1.20}$$

式中：N 是图像 S 包含的总像素数；N_i 是第 i 个盒子所包含的像素数。

由此可得集合：

$$M_S = \{\mu_i\}_{i=0}^{B_S} \tag{1.21}$$

式中：B_S 是覆盖图像 S 所需的盒子数。

为了分析图像 S 的不同分形子集，定义 μ 的 q 阶矩

$$N(q, \varepsilon) = \sum_{i=1}^{N(\varepsilon)} \mu_i^q \tag{1.22}$$

式中：$N(\varepsilon)$ 是覆盖 S 所需的盒子数。

引入广义 r 维测度：

$$M_\varepsilon^r(q) = \sum_{i=1}^{N(\varepsilon)} \mu_i^q \varepsilon^r = N(q, \varepsilon) \varepsilon^r \tag{1.23}$$

$$M^r(q) = \lim_{\varepsilon \to 0} M_\varepsilon^r(q) \tag{1.24}$$

若存在临界指数 $\tau(q)$ 使

$$M^r(q) = \begin{cases} 0, & r > \tau(q) \\ \infty, & r < \tau(q) \\ \text{有限正值}, & r = \tau(q) \end{cases} \tag{1.25}$$

则 $\tau(q)$ 称为质量指数,且

$$\tau(q) = -\lim_{\varepsilon \to 0} \frac{\ln[N(q, \varepsilon)]}{\ln \varepsilon} \tag{1.26}$$

根据 μ 的 q 阶矩可以定义广义 Renyi 维数:

$$D(q) = \begin{cases} \dfrac{1}{1-q} \lim_{\varepsilon \to 0} \ln[N(q, \varepsilon)] / \log \varepsilon, & q \neq 1 \\ -\lim_{\varepsilon \to 0} \dfrac{\sum_i \mu_i \ln \mu_i}{\ln \varepsilon}, & q = 1 \end{cases} \tag{1.27}$$

$D(q)$ 与 $\tau(q)$ 满足下述关系:

$$D(q) = \begin{cases} \tau(q) / (1-q), & q \neq 1 \\ -\tau(1), & q = 1 \text{且} \tau(q) \text{可微} \end{cases} \tag{1.28}$$

广义维数谱 q-$D(q)$ 的计算理论上可采用式(1.27),但计算太复杂。文献[30]以计算分数维的 DBC 法为基础,提出一种简单的近似算法,简述如下。

按前面介绍的 DBC 法,将 $M \times M$ 的图像分割为 $s \times s$ 的子块,令

$$\mu_r(i, j) = \frac{n_r(i, j)}{N_r} \tag{1.29}$$

这里 $n_r(i, j)$ 和 N_r 即为式(1.15)、式(1.16)所定义的。令

$$\chi(q, r) = \sum_{i,j} [\mu_r(i, j)]^q \approx r^{\tau(q)} \tag{1.30}$$

则

$$(q-1) D(q) \equiv \tau(q) = \lim_{r \to 0} \frac{\ln \chi(q, r)}{\ln r}, \quad q \neq 1 \tag{1.31}$$

1.5.2　纹理特征计算与分析

利用上述算法可以计算各样本图像不同 q 阶矩下的分维数 $D(q)$,得到如图 1.10 所示的各地类多重分形广义维数谱 q-$D(q)$ 曲线。由图 1.10 可知:对各类地物,$D(q)$ 值皆随 q 值的增大而减小;在 $q = 0$ 处,不同地类 $D(q)$ 值相同,为 2.050 3;以 0 为分界点,当 q 小于 0 时,随着 q 的减小,各类地物 $D(q)$ 增大,离散度也增大,意味着不同地类的增大幅度不同,居民地、空闲耕地等地类的增幅较大;当 q 大于 0 时,随着 q 的增大,$D(q)$ 减小,

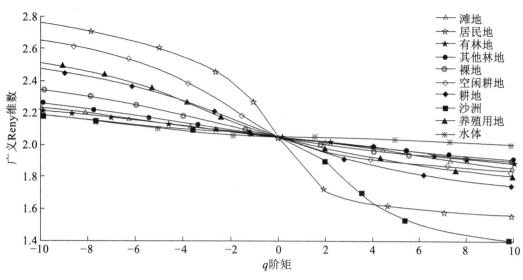

图 1.10　各地类多重分形广义维数谱 q-$D(q)$ 曲线[21]

但离散度增大，意味着不同地类的减小幅度不同。地物种类不同，$D(q)$ 随 q 变化的幅度不同，如空闲耕地较水体 $D(q)$ 随 q 的增大减小更快，居民地的变化幅度最大，而水体、有林地、其他林地等的变化幅度非常小，这是由地类自身的结构特性所致。上述几个特点也使当 q 值趋近于最大值或者最小值时，各地类 q-$D(q)$ 曲线整体分离程度趋于最大，这一点对利用多重分形分维数区分不同地类十分关键。

1.6　不同分形纹理特征计算方法对比分析

分别使用 1.2 节至 1.5 节的四种算法计算各样本图像分维数、取平均，统计各方法计算结果方差及各方法计算时间，结果如表 1.7 所示，其中 DBC 空隙特征计算尺度取 $L = 3$（此时方差最大），多重分形广义维数谱计算阶矩数取 $q = -10$（此时方差最大）。

表 1.7　分形方法比较[21]

地类	三角棱柱法		分形布朗运动分维数法		差分盒维数法（$L = 3$）			多重分形分维数法（$q = -10$）	
	分维数	相关系数	分维数	相关系数	分维数	相关系数	空隙特征	分维数	相关系数
滩地	2.386 9	−0.989 3	2.852 6	0.658 0	2.389 6	−0.982 4	0.531 9	2.228 9	−0.981 0
居民地	2.567 6	−0.963 9	2.943 9	0.341 3	2.565 6	−0.983 9	−0.879 2	2.507 2	−0.979 5
有林地	2.445 6	−0.994 4	2.929 6	0.623 4	2.485 8	−0.981 4	0.352 8	2.212 5	−0.979 4
其他林地	2.472 7	−0.977 4	2.747 6	0.905 1	2.523 1	−0.984 4	−0.221 4	2.255 9	−0.980 9
裸地	2.475 6	−0.971 9	2.831 1	0.670 6	2.507 0	−0.985 3	−0.369 9	2.339 2	−0.980 4

续表

地类	三角棱柱法		分形布朗运动分维数法		差分盒维数法（$L=3$）			多重分形分维数法（$q=-10$）	
	分维数	相关系数	分维数	相关系数	分维数	相关系数	空隙特征	分维数	相关系数
空闲耕地	2.575 7	−0.921 4	2.879 5	0.492 5	2.572 0	−0.984 8	−0.896 5	2.651 4	−0.979 5
耕地	2.517 9	−0.963 8	2.790 6	0.601 2	2.484 1	−0.985 3	−0.535 9	2.470 1	−0.981 0
沙洲	2.392 0	−0.990 0	2.700 6	0.921 0	2.221 0	−0.980 3	0.567 7	2.182 9	−0.979 3
养殖用地	2.467 7	−0.950 2	2.639 7	0.833 7	2.347 1	−0.979 4	−0.275 4	2.759 9	−0.973 0
水体	2.288 3	−0.979 9	2.707 4	0.842 4	2.341 0	−0.977 9	0.849 6	2.186 2	−0.975 6
方差	0.007 6	—	0.010 5	—	0.013 0	—	0.388 9	0.043 0	—
总耗时/s	1.146 0	—	50.268 2	—	1.107 1	—	1.107 1	0.309 9	—

表 1.7 中，方差越大，说明该分形方法对各地类区分度越高；总耗时越大，说明该方法计算量越大。由表 1.7 可以总结出各分形方法的优缺点如下。

（1）三角棱柱法：方差最小，地物区分度不高；计算时间适中。

（2）分形布朗运动分维数法：所得结果偏大，不够合理；由相关系数可知，该方法所得拟合直线线性拟合程度不好，分维数结果不够准确；计算时间最长，计算效率低。

（3）差分盒维数法：空隙特征方差最大，地物区分度最高；计算时间短，计算效率高。

（4）多重分形分维数法：方差较大，地物区分度较高；计算时间最短，计算效率最高。

由上面的分析可知，差分盒维数法和多重分形分维数法对地类区分度较高，计算效率高，因此第 2～3 章提取小波域分形纹理特征时，选择这两种方法（其中，差分盒维数空隙特征计算尺度取 $L=3$，多重分形广义维数谱计算阶矩数取 $q=-10$）进行分维数的计算。

参 考 文 献

[1] JAGGI S, QUATTROCHI D A, LAM N S N. Implementation and operation of three fractal measurement algorithms for analysis of remote sensing data[J]. Computers & Geosciences, 1993, 19(6): 745-767.

[2] 栾海军, 汪小钦. 多源遥感影像分形特征分析[J]. 遥感信息, 2010, 3: 7-12.

[3] 王华, 王祁, 孙金玮. 基于自相关函数的自然纹理图像分形维数的估计[J]. 北京航空航天大学学报, 2004, 30(8): 718-722.

[4] CHEN Y H, LI X B, DOU W, et al. Research on urban spatial thermal environment using remotely sensed data fractal measurement of structure and changes of thermal field[C]//2004 IEEE International Geoscience and Remote Sensing Symposium Proceedings. New York, IEEE, 2004: 3150-3153.

[5] GE M L, LIN Q Z, LU W. Realizing the box-counting method for calculating fractal dimension of urban form based on remote sensing image[C]//2006 IEEE International Geoscience and Remote Sensing Symposium Proceedings. New York, IEEE, 2006: 1423-1426.

[6] 杨裕欢, 王思贤, 廖孟扬, 等. 基于多重分形的纹理分析方法在 B 超图象识别中的应用[J]. 中国图象图形学报, 1999, 4A(5): 391-394.

[7] 刘文予, 朱耀庭, 朱光喜. 分形和自然纹理描述[J]. 华中理工大学学报, 1992, 20(4): 45-50.

[8] 魏宝刚, 庞向斌, 朱文浩, 等. 基于纹理渲染的分形图案设计[J].中国图象图形学报, 2006, 11(5): 690-694.

[9] KWAN H L, KIN M L, WAN C S. Locating the human eye using fractal dimensions[C]// Proceedings of 2001 International Conference on Image Processing. New York, IEEE, 2001: 1079-1082.

[10] SHU C C, YUEH M H. A novel approach to diagnose diabetes based on the fractal characteristics of retinal images[J].IEEE Transactions on Information Technology in Biomedicine, 2003, 7(3): 163-170.

[11] 陈伟, 周红妹, 袁志康, 等. 基于气象卫星分形纹理的云雾分离研究[J]. 自然灾害学报, 2003, 12(2): 133-139.

[12] 张顺谦, 杨秀蓉. 神经网络和分形纹理在夜间云雾分离中的应用[J]. 遥感学报, 2006, 10(4): 497-501.

[13] 杜华强, 赵宪文, 范文义. 分形维数作为高光谱遥感数据波段选择的一个指标[J].遥感技术与应用, 2004, 19(1): 5-9.

[14] 苏红军, 杜培军, 盛业华. 一种基于分形维数的高光谱遥感波段选择算法研究[J]. 测绘通报, 2007, 3: 23-26.

[15] 何凯, 赵红颖, 刘晶晶, 等. 基于分形及纹理分析的城市遥感影像阴影去除[J]. 天津大学学报, 2008, 41(7): 800-804.

[16] 陈云浩, 史培军, 李晓兵, 等. 城市空间热环境的遥感研究: 热场结构及其演变的分形测量[J]. 测绘学报, 2002, 31(4): 322-326.

[17] 徐青, 谭光国, 李翠华. 遥感数据的分形测量[J]. 遥感学报, 1998, 2(3): 186-192.

[18] 邢帅, 郭金华, 徐青. 多源异质遥感影像的分形特征分析[J]. 测绘科学技术学报, 2006, 23(4): 254-257.

[19] 陈小梅, 倪国强. 基于局部分形维数的遥感图像分割[J]. 光电工程, 2008, 35(1): 136-139.

[20] YOKOYA N, YAMAMOTO K, FUNAKUBO N. Fractal-based analysis and interpolation of 3D natural surface and their applications to terrain modeling[J]. Computer Vision Graphics Image Process, 1989, 46: 284-302.

[21] LUAN H J, WANG X Q, TIAN Q J, et al. Comparison of methods of fractal texture extraction for high-resolution remotely sensed images[C]// Proceedings of 2012 Second International Workshop on Earth Observation and Remote Sensing Applications. New York, IEEE, 2012: 201-205.

[22] CHEN C C, DAPONTE J S, FOX M D. Fractal feature analysis and classification in medical imaging[J]. IEEE Transactions on Medical Imaging, 1989, 8(2): 133-142.

[23] CHAUDHURI B B, SARKAR N.Texture segmentation using fractal dimension[J]. IEEE Transactions on Pattern Analysis and Machine Intelligence, 1995, 17(1): 72-77.

[24] 曹庆年, 杜慧洁, 卞正中. 基于分形参数的 B 超图像纹理分析[J]. 西安交通大学学报, 1999, 33(1): 26-29.

[25] SARKAR N, CHAUDHURI B B. An efficient approach to estimate fractal dimension in texture image[J]. Pattern Recognition, 1992, 25: 1035-1041.

[26] SARKAR N, CHAUDHURI B B. An efficient differential box-counting approach to compute fractal dimension of image [J]. IEEE Transactions on System, Man, and Cybernetics, 1994, 24(1): 115-120.

[27] 李庆中, 汪懋华. 基于分形特征的水果缺陷快速识别方法[J]. 中国图象图形学报, 2000, 5A(2): 144-148.

[28] 李厚强, 刘政凯, 林峰. 基于分形理论的航空图像分类方法[J]. 遥感学报, 2001, 5(5): 353-358.

[29] 陈敏. 基于纹理特征的遥感图像分类技术研究[D]. 福州: 福州大学, 2004.

[30] BROWN G, MICHON G, PEYRIÈRE J. On the multifractal analysis of measure[J]. Journal of Statistical Physics, 1992, 66(3): 775-790.

第 2 章 遥感影像小波域分形纹理特征提取与分析

与低分辨率遥感影像相比，高分辨率遥感影像具有更丰富的地物细节，蕴含更多的纹理信息。在高分辨率影像分析和自动识别中，尤其是当面临"同物异谱""异物同谱"的问题时，纹理特征作为影像光谱特征的重要辅助特征，可以发挥更为显著的作用。

同时，遥感影像地物具有多尺度特性，利用小波方法[1-2]对遥感影像进行多尺度分析可以充分体现影像中地物的多尺度特性，更好地区分地物。小波与分形方法相结合进行遥感影像分析与处理，可以获取影像更完整、更深刻的信息。本章将结合小波、分形两种方法的优势，研究遥感影像小波域分形纹理特征提取方法，并以高空间分辨率QuickBird影像为对象，进行纹理信息提取实验。

2.1 遥感影像的小波分解

当小波函数选择确定后，可以进行遥感影像多分辨分析的实验。根据 Mallat 多分辨算法[3]，令 H_0 代表 H_n 算子，G_0 代表 G_n 算子，r 代表行，c 代表列，则有

$$C^{j+1} = H_c H_r C^j \tag{2.1}$$

$$d^{j+1,1} = G_c H_r C^j \tag{2.2}$$

$$d^{j+1,2} = H_c G_r C^j \tag{2.3}$$

$$d^{j+1,3} = G_c G_r C^j \qquad (2.4)$$

对于遥感影像,式(2.1)中算子 $H_c H_r$ 对影像水平和垂直方向都进行平滑,得到影像的粗信息,式(2.2)中算子 $G_c H_r$ 对影像水平方向进行平滑,而寻求垂直方向上的差异,故 $d^{j+1,1}$ 可以检测影像中水平方向边缘信息。类似,式(2.3)中算子可以检测垂直方向边缘信息,式(2.4)中算子可以检测对角线方向边缘信息。

给出一幅二维遥感图像 I,根据 Mallat 多分辨分解算法,图像经过离散化双正交二维变换后,得到包含粗信息和细节信息的四幅图像:粗信息图像 $I(l)_0 = \{I \otimes (H_r, H_c)\}$,它包含了图像 I 水平与垂直方向上的低频信息;细节信息图像 $I(l)_1 = \{I \otimes (G_r, H_c), I \otimes (H_r, G_c),$

$I(l)_0 \otimes (H_r, H_c)$	$I(l)_0 \otimes (G_r, H_c)$	$I \otimes (G_r, H_c)$
$I(l)_0 \otimes (H_r, G_c)$	$I(l)_0 \otimes (G_r, G_c)$	
$I \otimes (H_r, G_c)$		$I \otimes (G_r, G_c)$

图 2.1　两级小波分解各分量示意图[4]

$I \otimes (G_r, G_c)\}$,其中,垂直方向细节图像 $I \otimes (G_r, H_c)$ 包含了图像 I 水平方向的低频信息和垂直方向的高频信息,水平方向细节图像 $I \otimes (H_r, G_c)$ 包含了图像 I 水平方向的高频信息和垂直方向的低频信息,对角线方向细节图像 $I \otimes (G_r, G_c)$ 包含了图像 I 水平方向的高频信息和垂直方向的低频信息。同理,可对第一次变换所得粗信息图像 $I(l)_0$ 继续进行同样的小波变换得到新一级别的分解图像。至此,图像 I 的变换结果如图 2.1 所示。按照这一方法,可以对图像进行进一步小波分解,直至到达分解的边界条件为止。

选取实验影像如图 2.2(a)所示,利用 Daubechies(db1)小波函数,其一级分解图、二级分解图分别如图 2.2(b)、图 2.2(c)所示。

（a）原始影像　　　　　　　　（b）一级分解图　　　　　　　　（c）二级分解图

图 2.2　遥感图像小波分解示例[4]

小波种类多样,各有特点及合适的使用范围。根据陈敏[5]和黄端琼[3]对遥感影像小波分析中小波方法的选择所进行的研究表明:在遥感影像小波处理中,双正交小波的效果更好。双正交小波函数系的主要特征体现在它的线性相位性,它主要应用于信号与图像的重构中。通常的用法是采用一个函数进行分解,用另外一个小波函数进行重构。

2.2　小波域分形纹理特征提取方法

2.2.1　小波域分形纹理特征提取技术流程

　　基于第 1 章及 2.1 节所论述的分形纹理特征提取方法和小波多尺度分析理论,可以引入小波域分形纹理特征的概念。小波域分形纹理特征即对小波不同分解层进行分形计算而提取得到的纹理特征,它是多尺度的分形纹理特征。参考 2.1 节和 1.6 节中所选出的小波方法及适合的分维数计算方法,可以设计出如图 2.3 所示的高分辨率遥感影像小波域分形纹理特征提取技术流程。它主要包括影像的小波分解及多尺度分形纹理的计算与分析两部分。

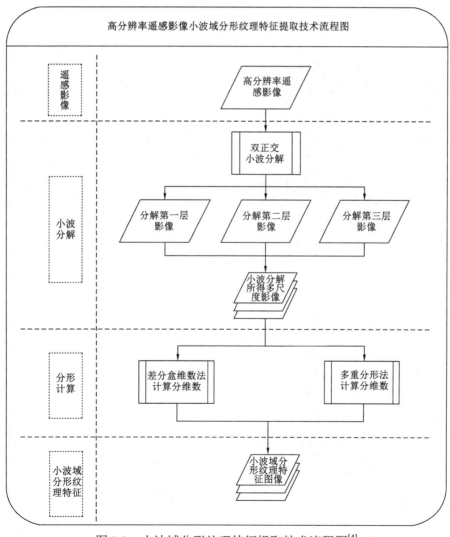

图 2.3　小波域分形纹理特征提取技术流程图[4]

2.2.2　小波与分形结合方式的选择

小波与分形方法相结合的方式有两种：①先对整幅影像进行小波变换，然后对变换后的结果进行分形计算，称为整体处理方式；②针对影像中每个像元，开窗，在窗口中进行小波变换、分形计算，称为像元处理方式。

下面对这两种结合方式进行了实验，由于只是实验，故分形方法选择了三角棱柱法，小波方法选择双正交小波。

首先截取了上述 QuickBird 影像真彩色波段中 256×256 的子区 [图 2.4（a）] 作为实验区，将其转化为灰度影像，如图 2.4（b）所示。

分别以两种结合方式对转化后的灰度影像进行纹理特征提取，其中，以小波分解第一层粗信息为例，窗口选择 32×32。由于只是进行方法对比研究，实验中只是选用小波分解第一层水平方向的细节信息进行计算，得到整体处理和像元处理两种方式的结果分别如图 2.5（a）、图 2.5（b）所示。

（a）真彩色影像　　　　　　　　　　　　（b）转化后灰度影像

图 2.4　实验区 QuickBird 影像

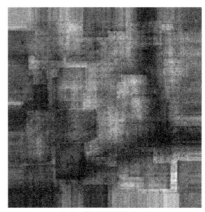

（a）整体处理方式　　　　　　　　　　　　（b）像元处理方式

图 2.5　小波与分形结合方式对比[4]

对两种结果进行分析,比较它们计算所得的特征值与计算时间。为使对比数据更具一般性,分别截取出整体处理和像元处理两种方式所得影像中 125～130 行、125～130 列的值,结果如下所示[4]:

整体处理方式结果:　　　　　　　　　　　时间=76.046 9 s

2.299 7	2.299 4	2.298 7	2.299 0	2.296 2	2.292 0
2.302 6	2.301 6	2.300 3	2.298 7	2.296 9	2.292 8
2.299 9	2.297 0	2.293 1	2.291 9	2.293 3	2.289 0
2.297 7	2.293 8	2.290 3	2.292 3	2.290 7	2.291 8
2.297 1	2.292 5	2.293 4	2.294 9	2.297 2	2.293 8
2.298 3	2.296 1	2.297 4	2.295 4	2.292 7	2.283 8

像元处理方式结果:　　　　　　　　　　　时间=447.921 9 s

2.363 0	2.369 2	2.372 2	2.367 5	2.364 1	2.354 1
2.371 2	2.376 1	2.372 6	2.365 6	2.371 3	2.363 4
2.365 2	2.366 1	2.348 9	2.343 8	2.354 7	2.351 6
2.361 1	2.352 9	2.344 4	2.352 3	2.354 3	2.353 3
2.357 2	2.353 1	2.363 0	2.359 0	2.362 3	2.356 2
2.361 4	2.360 4	2.361 9	2.359 8	2.359 8	2.339 1

由于实验区域较小,编程中对边缘简约处理,图像边缘的结果不能较好地反映光学影像中各类地物的结构特征,但是影像中间区域可以反映两种结合方式的不同。观察、分析原始影像与计算所得纹理特征图像可知:

(1)从计算结果来看,两种方式所得的结果是不同的。参照处理前影像可知,相比之下,整体处理方式能够更好地反映影像整体的结构特征。例如,对河道结构特征的反应,整体处理方式显然得到了更好的结果,而像元处理方式的影像有分块现象,无法反映地物的整体结构特征。这是因为整体处理方式考虑了影像自身的空间相关性,对影像进行整体小波变换更为科学、合理。

(2)从计算效率来看,整体处理方式明显高于像元处理方式。

因此,在 2.3 节的实验中,选择整体处理方式进行分形、小波方法的结合研究。

2.3　遥感影像小波域分形纹理特征计算与分析

利用整体处理方式,对第 1 章所选取样本影像计算小波域分形纹理特征。

在以下研究中,L1、L2、L3 分别代表小波分解第一、第二、第三分解层三个方向(水平、垂直、对角线方向)细节影像的平均值影像,CA1、CA2、CA3 分别代表小波分解第一、第二、第三分解层粗影像。分形方法选择差分盒维数法、小波方法选择双正交方法的情况下,所得结果如表 2.1 和表 2.2 所示;分形方法选择多重分形法、小波方法选择双正交方法的情况下,所得结果如表 2.3 所示。

表 2.1　小波域差分盒维数法分维数[4]

地类	分　解　层					
	L1	L2	L3	CA1	CA2	CA3
滩地	2.724 7	2.646 7	2.604 4	2.504 7	2.448 7	2.370 0
居民地	2.540 8	2.587 1	2.654 4	2.581 4	2.554 0	2.479 2
有林地	2.703 1	2.685 7	2.691 7	2.598 3	2.544 6	2.425 5
其他林地	2.637 9	2.694 6	2.665 6	2.581 2	2.510 1	2.404 7
裸地	2.596 9	2.679 5	2.689 7	2.537 7	2.520 7	2.448 0
空闲耕地	2.684 3	2.669 4	2.625 7	2.570 4	2.539 6	2.378 0
耕地	2.519 1	2.580 2	2.619 1	2.501 5	2.436 4	2.379 5
沙洲	2.293 8	2.241 4	2.430 7	2.273 0	2.296 4	2.315 3
养殖用地	2.390 0	2.453 2	2.526 6	2.411 8	2.405 4	2.366 8
水体	2.714 0	2.727 2	2.711 8	2.597 4	2.467 7	2.332 3
方差	0.021 3	0.021 8	0.007 4	0.010 6	0.006 4	0.002 5

表 2.2　小波域差分盒维数空隙特征[4]

地类	分　解　层					
	L1	L2	L3	CA1	CA2	CA3
滩地	−0.808 4	−0.832 9	−0.756 7	−0.697 9	−0.624 6	−0.523 0
居民地	−0.685 9	−0.786 8	−0.827 1	−0.792 6	−0.770 5	−0.689 8
有林地	−0.860 8	−0.822 5	−0.871 0	−0.772 0	−0.732 7	−0.594 7
其他林地	−0.854 7	−0.892 9	−0.872 0	−0.810 1	−0.747 6	−0.570 4
裸地	−0.720 7	−0.859 0	−0.887 2	−0.761 6	−0.774 9	−0.655 5
空闲耕地	−0.761 0	−0.863 2	−0.814 4	−0.815 6	−0.778 7	−0.582 0
耕地	−0.475 2	−0.671 6	−0.766 0	−0.643 7	−0.605 7	−0.515 7
沙洲	−0.058 5	−0.022 9	−0.454 1	−0.031 9	−0.236 4	−0.394 2
养殖用地	−0.286 2	−0.457 5	−0.623 5	−0.486 6	−0.503 8	−0.426 8
水体	−0.881 0	−0.881 3	−0.866 6	−0.715 7	−0.471 8	−0.166 1
方差	0.077 2	0.075 5	0.018 9	0.057 3	0.031 5	0.023 1

表 2.3　小波域多重分形分维数[4]

地类	分　解　层					
	L1	L2	L3	CA1	CA2	CA3
滩地	2.306 0	2.282 8	2.236 6	2.544 6	2.580 2	2.686 7
居民地	2.676 5	2.451 3	2.314 6	2.697 5	2.718 1	2.690 5

续表

地类	分 解 层					
	L1	L2	L3	CA1	CA2	CA3
有林地	2.212 2	2.255 2	2.274 7	2.529 8	2.698 0	2.894 7
其他林地	2.345 7	2.254 6	2.263 6	2.545 1	2.578 5	2.562 4
裸地	2.297 9	2.417 5	2.332 2	2.666 9	2.621 3	2.726 7
空闲耕地	2.705 5	2.529 8	2.425 8	2.950 5	2.882 0	2.841 6
耕地	2.552 4	2.515 7	2.436 3	2.751 3	2.820 8	2.723 6
沙洲	2.423 8	2.464 3	2.597 2	2.528 5	2.560 4	2.824 7
养殖用地	2.846 3	3.014 3	2.812 7	3.054 0	3.062 4	2.971 0
水体	2.310 4	2.240 8	2.224 4	2.428 8	2.475 4	2.649 0
方差	0.045 8	0.053 1	0.034 9	0.040 3	0.031 6	0.015 3

根据表 2.1～表 2.3 及表 1.7 的结果,可以分析多尺度的影像分形纹理特征 (图 2.6),图中 CA0 表示小波分解前遥感影像,可以认为它是小波第零分解层影像。

从图 2.6 (a) 可知:细节影像对地物的区分度优于粗影像;总体上,细节影像各地物分维数大于粗影像同类地物的分维数;随分解层数的增加,细节影像各地物分维数变化无明显规律,但粗影像各地物分维数则呈较显著的减小趋势。

从图 2.6 (b) 可知:L1、L2 层细节影像对地物的区分度优于 CA1、CA2 层粗影像;随分解层的增加,细节影像各地物分维数大体表现出减小趋势,而粗影像各地物分维数大体上表现为增大趋势。

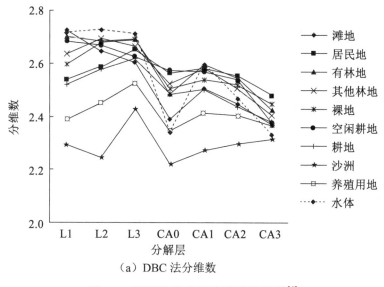

(a) DBC 法分维数

图 2.6 不同地类多尺度分维数比较[4]

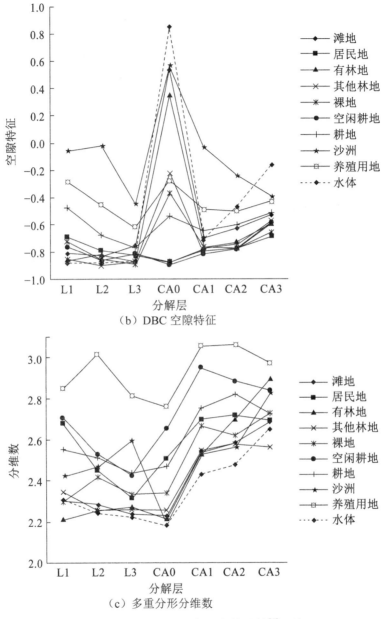

（b）DBC 空隙特征

（c）多重分形分维数

图 2.6   不同地类多尺度分维数比较[4]（续）

从图 2.6（c）可知：L2、L3 层细节影像对地物的区分度优于相应层上的粗影像；各分解层粗影像的各地物分维数大于细节影像上同类地物的分维数；随分解层数的增加，细节影像与粗影像上各地物分维数都没有明显的变化规律。

综合表 1.7、表 2.1～表 2.3 及图 2.6 可得出以下结论。

（1）小波分解的每一层次都反映了影像某一细节程度的信息，故每一层的计算结果都对地物有一定的区分度。而且某些分解层次的结果比原始影像的结果更好，如 L1、L2 层差分盒维数法分维数结果比 CA0 层更好，L1、L2 层多重分形分维数结果优于 CA0 层；

但是 CA0 层 DBC 空隙特征结果比其他分解层更好,这是因为 CA0 包含各地类全部信息,它可以完整地反映地物纹理结构与背景之间的关系,这与差分盒维数空隙特征的内涵相吻合,所以该层计算的差分盒维数空隙特征效果更好,此外,该层结果方差统计值较大,与空隙特征的取值范围比分维数取值范围更大有一定关系。总之,综合各个分解层的结果,可以实现对地物结构更为全面的反映。

（2）不同的分解层的计算结果对不同地物的区别效果不同,如 L1、L2、CA1 层 DBC 分维数结果较 CA0 层可以更好地对水体与养殖用地做出区分,L1、L2 层 DBC 分维数结果较 CA0 层可以更好地对空闲耕地与居民地做出区分,L1、L2 层 DBC 空隙特征结果较 CA0 层可以更好地对滩地与沙洲做出区分,L2、L3、CA2 层多重分形分维数结果相比 CA0 层可以更好地对空闲耕地与养殖用地做出区分,CA1 层多重分形分维数结果相比 CA0 层可以对居民地与裸地做出更好的区分。因此,可以利用特定的分解层结果区分特定的地类。

（3）第三分解层所含信息太少（这也是通常小波分解只做到第三层的原因）,不能够准确地反映不同地物结构上的差异,对地物区分度较低,这可以由表 2.1～表 2.3 中的方差统计结果及图 2.6 中所示证明,故该分解层的结果可以舍弃不用。

总体而言,小波域分形纹理特征提取方法综合了小波分解多层影像的分形信息,效果优于单一的分形方法,而且包含了分形这一反映地物结构特征的有力指标,与通常用来分解影像的单一小波方法相比更深刻、更有效。

根据上述分析,决定在第 3 章的应用实验中,选择将小波分解 CA1、CA2、L1、L2 层的 DBC 空隙特征及多重分形分维数结果作为遥感影像小波域分形纹理特征的提取结果。

参 考 文 献

[1] DAUBECHIES I. The wavelet transform, time-frequency localization and signal analysis[J]. IEEE Transactions on Information Theory, 1990, 36(5): 961-1005.

[2] MALLAT S. A theory for multiscale signal decomposition: The wavelet representation[J]. IEEE Transactions on Pattern Analysis and Machine Intelligence, 1989, 11(7): 674-693.

[3] 黄端琼. 多尺度纹理特征分析及其在遥感影像分类中的应用[D]. 福州: 福州大学, 2006.

[4] 栾海军. 高分辨率遥感影像小波域分形纹理特征提取及应用[D]. 福州: 福州大学, 2010.

[5] 陈敏. 基于纹理特征的遥感图像分类技术研究[D]. 福州: 福州大学, 2004.

第 3 章 结合小波域分形纹理特征的建筑物专题提取

由第 1～2 章分析可知,小波与分形都是有效的提取地物特征的方法,可用于改进遥感影像地类自动识别的效果,而两者的结合具有更大的价值。本章将以福州市 QuickBird 影像为例,结合小波域分形纹理特征,进行建筑物专题提取研究。

3.1 结合小波域分形纹理特征的建筑物提取技术流程

基于光谱信息的方法能够较好地区分出地类间的边缘,而纹理特征信息是基于可移动的窗口计算得到的结果,在地类间边缘附近像元的纹理特征值具有边缘两侧地类的结构,因此纹理特征图像不能够精确地区分出不同地类间的边缘,这也意味着单一使用纹理特征图像不能实现精确的地物分类或者专题提取。纹理特征应该辅助光谱特征,光谱信息应该结合纹理信息,以获取更好的地类识别效果。本章以 QuickBird 影像建筑物专题提取为例,分析纹理信息在遥感影像专题信息提取中的应用。技术流程如图 3.1 所示,首先对遥感影像进行监督分类,区分出包括城市建筑物在内的几种大类,然后利用纹理信息对监督分类中建筑物与其他地类混分的区域进行修正,改善建筑物提取结果。

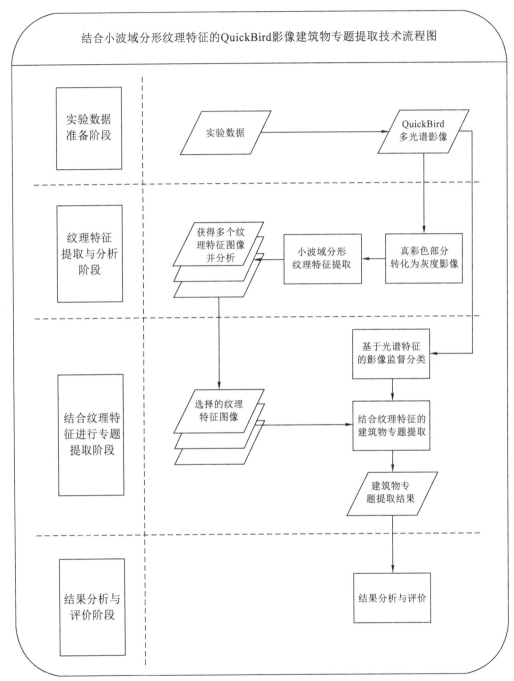

图 3.1 结合小波域分形纹理特征的 QuickBird 影像建筑物专题提取技术流程图[1]

实验数据源为 2003 年 3 月 24 日获取的福州市的 QuickBird 多光谱影像,选择其中大小为 2 048×2 048 的区域为实验区（图 3.2）。该实验区地物类别丰富,包含了除滩地之外的整幅影像所有的主要地物类别,具有很好的代表性;区域大小适中,提取纹理特征时计算量适合,这从检验纹理特征提取方法效果的角度考虑比较合理。

图 3.2 实验区 QuickBird 多光谱影像

3.2 纹理特征影响因子分析

依据第 2 章所确定的小波域分形纹理特征提取方法对实验影像进行计算,得到多幅纹理特征影像。通过对纹理特征影像进行分析比较,研究窗口大小、分解层等因子对纹理特征影像效果的影响,并在此基础上选择适用于本次专题提取实验的特征影像。

3.2.1 窗口大小对纹理特征的影响

地物的结构特征与地物的尺度特性密切相关,并在较大程度上受到影像分辨率的影响,为能够更好地反映地物的纹理特征,实验中共选择了 8×8、16×16、32×32、64×64 四种大小的窗口进行实验,以便从中选出更适合的窗口或者窗口组合来提取纹理特征。图 3.3 为利用小波域 DBC 空隙特征方法对实验影像在不同窗口大小下的计算结果[以小波分解第一层粗信息影像(以符号 CA1 表示)为例]。

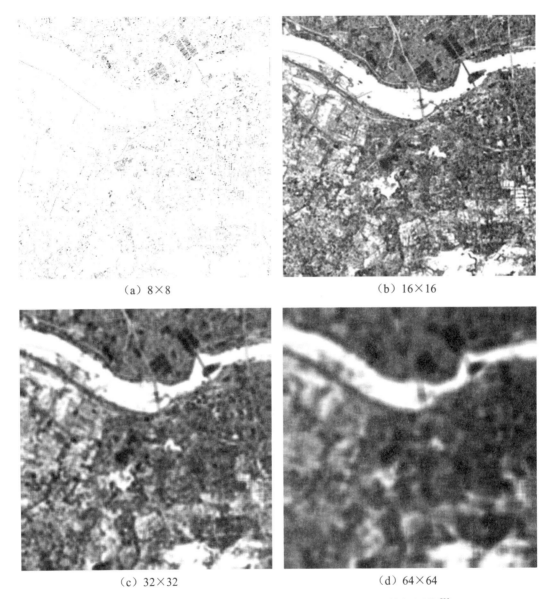

（a）8×8   （b）16×16

（c）32×32   （d）64×64

图 3.3   CA1 层影像不同窗口大小下计算所得纹理特征图像[2]

　　对图 3.3 进行分析，当窗口太小时，窗口内所包含地类范围太小，不具备明显的分维性，此时分形算法适用性较差，计算结果可信度不强，不适于应用。当窗口太大时，窗口内包含地类较多，计算结果为多类地物的纹理特征，不能够较好地反映纯净地类的特征，但是对于大尺度地物，大窗口的计算结果可以较好地反映其纹理特征。窗口大小是否适合与影像分辨率及地物尺度规模存在内在联系。通过目视分析及定量比较，在本次专题提取实验中，图 3.3 中 16×16 窗口的计算结果能够较好地反映所划分的整体各地类的特征，而 64×64 窗口的计算结果可以较好地将水体中养殖用地部分与建筑物区分开来。

3.2.2　分解层对纹理特征的影响

不同小波分解层次上的纹理特征不同,所含的信息量也不同。根据第 2 章的研究结果可知,由于小波分解第三层所含有效信息有限,在计算小波域分形纹理特征时没有使用该层。图 3.4 和图 3.5 分别是对实验影像不同分解层应用差分盒维数空隙特征和多重分形法在 16×16 大小窗口计算得到的结果。图中 CA1、CA2、L1、L2 层含义与 2.3 节相同。

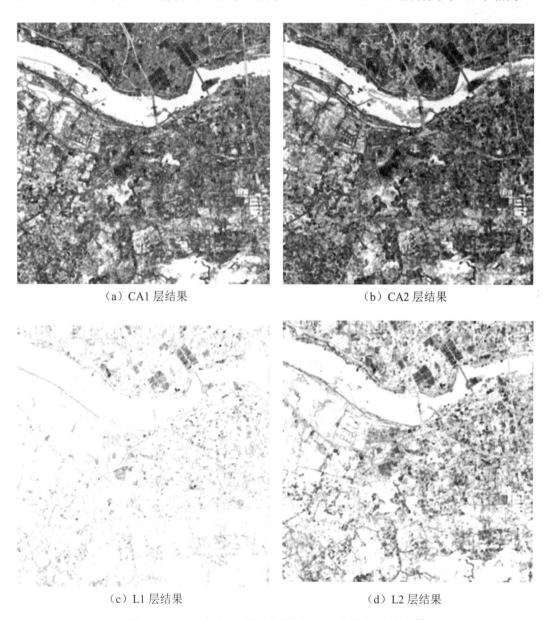

（a）CA1 层结果　　　　　　　　　　　　（b）CA2 层结果

（c）L1 层结果　　　　　　　　　　　　（d）L2 层结果

图 3.4　16×16 窗口不同分解层 DBC 空隙特征影像[2]

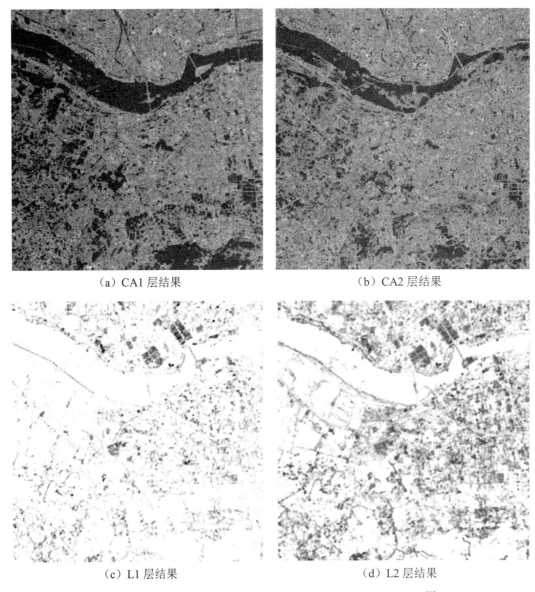

（a）CA1 层结果　　　　　　　　　　　（b）CA2 层结果

（c）L1 层结果　　　　　　　　　　　　（d）L2 层结果

图 3.5　16×16 窗口不同分解层多重分形分维数特征影像[2]

对图 3.4 和图 3.5 进行观察、分析，可以得出以下结论。

（1）第一分解层粗信息影像包含较多大面积地物（如水体、植被、城市建筑物等）的低频信息，可以反映大类地物的结构特征，图像连续性好，细碎区域较少，适宜大类地物区分、专题提取。

（2）第二分解层粗信息与第一分解层粗信息相比包含地物的低频信息更少一些，该层影像对地物描述的尺度较大，它不能够较完整地蕴含地物的结构信息，计算的纹理特征包含了不少混合地物的结构特性。例如，两幅图中 CA2 层结果图中河流区域与下方的大片植被区域都混入了不少干扰信息。

（3）第一分解层细节信息影像包含较多的地物高频（边缘）信息，但是因为计算选取的窗口大小与地物的尺度不太吻合，所以对该细节信息影像的计算结果不能很好地反映各地类独特的纹理特征，对各地类的区分度不高。

（4）第二分解层细节信息影像克服了计算窗口大小与地物尺度不够吻合的问题，但是它所包含的地物高频（边缘）信息不如第一分解层细节信息影像多。该层信息可以较好地区分精细地类，适宜对地类进行细分，但是在区分大类时效果不好，如城市建筑物连续性不好，而水体、植被则被其他地类干扰（都呈现出亮色调）。

其实，不同的分解层与不同的窗口大小对纹理特征提取的影响从某一方面看具有相似性，它们都是为了在不同的尺度下描述地物结构特征。若选取合适的分解层与对应的窗口大小，则能够较好地区分整体地类或特定地类。

3.3　结合纹理特征的遥感影像建筑物专题提取

3.3.1　基于光谱特征的遥感影像分类

依据 3.1 节建筑物专题提取的思想，首先基于光谱信息对多光谱影像进行监督分类，区分出包括城市建筑物在内的几类大的地物。根据影像地类分布情况，确定将地物分为水体、植被、建筑物、裸地（包括空闲地）、沙地和道路 6 种类别。通过不断地调整训练样区，获得基于光谱特征的监督分类结果[图 3.6（a）]及建筑物专题提取结果[图 3.6（b）]。

（a）基于光谱特征的监督分类结果　　　　　　（b）基于光谱特征的建筑物专题提取结果

■ 水体　　■ 植被　　■ 建筑物　　▨ 裸地　　□ 沙地　　■ 道路

图 3.6　基于光谱特征的 QuickBird 影像分类[2]

　　分析图 3.6 中基于光谱特征的监督分类及专题提取的结果可知,单纯依靠光谱信息进行建筑物专题提取主要存在三个问题。

　　(1) 建筑物中一部分被错分为道路。这是由于影像上旧的建筑物会与呈暗色调的道路 (多为沥青道路) 相混淆,而较新的建筑物会与呈亮色调的道路 (多为水泥道路) 相混淆。建筑物中有阴影覆盖的部分也会被错分为道路或者水体。

　　(2) 水体的一部分被错分为建筑物,其中养殖用地中有相当大的一部分错分入建筑物中。

　　(3) 建筑物中部分较亮建筑物边缘、不规则的建筑物等会被错分为裸地。

　　因此,在高空间分辨率影像中,单纯依靠光谱信息无法获得满意的结果。

3.3.2　结合纹理特征的建筑物专题提取

　　基于 3.3.1 小节分析,结合本次实验专题提取的需要,通过对各分解层、不同窗口大小计算得到的纹理特征影像的目视比较和定量分析,最终选择了 64×64 窗口小波分解第一层粗信息计算 DBC 空隙特征所得纹理图像、16×16 窗口小波分解第一层粗信息计算多重分形分维数所得纹理图像和 16×16 窗口小波分解第一层粗信息计算 DBC 空隙特征所得三幅纹理特征影像 (图 3.7) 用于建筑物专题提取,其中小波分解第一层粗信息影像用符号 CA1 表示。

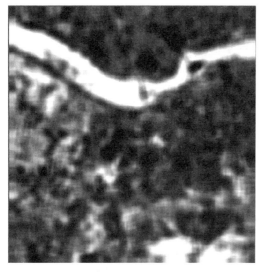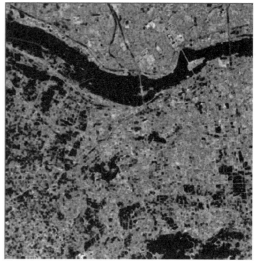

(a) 64×64 窗口 CA1 层 DBC 空隙特征　　　　(b) 16×16 窗口 CA1 层多重分形分维数

图 3.7　参与建筑物提取的小波域分形纹理特征图像[2]

（c）16×16 窗口 CA1 层 DBC 空隙特征

图 3.7　参与建筑物提取的小波域分形纹理特征图像[2]（续）

这三层纹理影像具有各自不同的特征。①64×64 窗口小波分解第一层粗信息计算 DBC 空隙特征所得纹理图像（归一化到 0~255）[图 3.7（a）]，对面积较大的水体和绿色植被较为敏感，它们在图像上呈亮色，可以据此将水体（其中大部分为养殖用地）中错分为建筑物的部分区分出来；②16×16 窗口小波分解第一层粗信息计算多重分形分维数所得纹理图像（归一化到 0~255）[图 3.7（b）]，水体、道路中部分呈现暗色调，而建筑物主体呈现亮色调，可以将监督分类中被错分为道路、水体的建筑物（包括建筑物的阴影）区域区分出来；③16×16 窗口小波分解第一层粗信息计算 DBC 空隙特征所得纹理图像（归一化至 0~255）[图 3.7（c）]，可以把这类地物错分为裸地及未开发用地的部分区分出来。64×64 窗口大小的计算结果会在一定程度上起到小波第二分解层计算的作用。因此，第一分解层与 16×16、64×64 两种窗口组合使用同样起到了小波多分辨分析的效果。

通过实验发现，在图 3.7（a）所对应的特征图像中，当阈值设为 160 时，灰度值在 160 以上的区域对应于监督分类图中的区域包含了错分为建筑物的水体部分（主要为养殖用地）。在图 3.7（b）所对应的特征图像中，当阈值设为 170 时，灰度值在 170 以上的区域对应于监督分类图中的区域包含了错分为道路的建筑物部分；当阈值设为 135 时，灰度值在 135 以上的区域对应于监督分类图中的区域包含了错分为水体的建筑物阴影部分。在图 3.7（c）所对应的特征图像中，当阈值设为 115 时，灰度值在 115 以下的区域对应于监督分类图中的区域包含了错分为裸地及未开发用地的建筑物。根据以上规则，对基于光谱特征的监督分类结果进行修正，获得了结合纹理特征的遥感影像分类图[图 3.8（a）]及建筑物专题图[图 3.8（b）]。

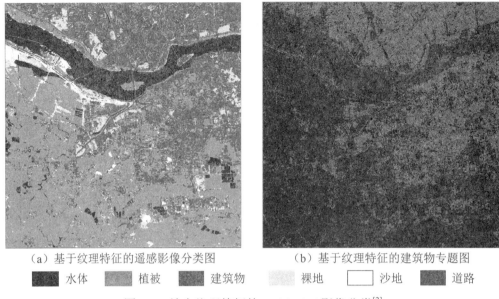

（a）基于纹理特征的遥感影像分类图　　　　（b）基于纹理特征的建筑物专题图

■ 水体　　■ 植被　　■ 建筑物　　▨ 裸地　　□ 沙地　　■ 道路

图 3.8　结合纹理特征的 QuickBird 影像分类[2]

3.4　分类结果评价与分析

不同分形纹理图层在对分类结果修正中的作用不同，图 3.9～图 3.12 为不同纹理对于光谱分类结果的修正情况。

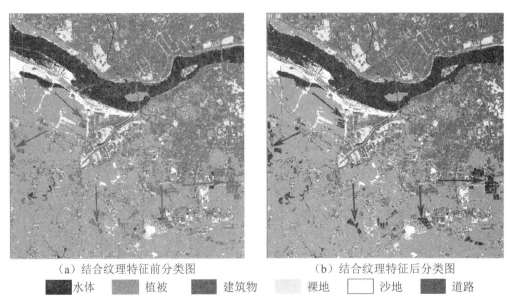

（a）结合纹理特征前分类图　　　　（b）结合纹理特征后分类图

■ 水体　　■ 植被　　■ 建筑物　　▨ 裸地　　□ 沙地　　■ 道路

图 3.9　基于光谱特征与结合纹理特征的影像分类重点区域对比图 1[2]
（a）中箭头、（b）中箭头分别代表结合特定纹理信息前后对容易错分为建筑物的水体（养殖用地）的区分情况

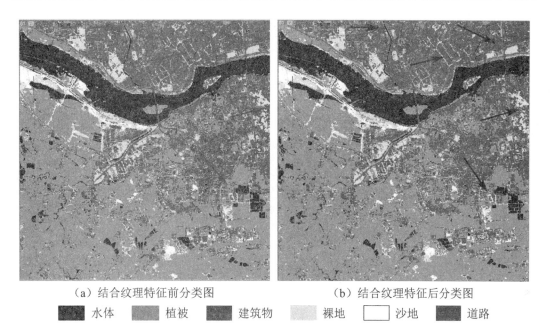

（a）结合纹理特征前分类图　　　　　　　　（b）结合纹理特征后分类图

■ 水体　　■ 植被　　■ 建筑物　　■ 裸地　　□ 沙地　　■ 道路

图 3.10　基于光谱特征与结合纹理特征的影像分类重点区域对比图 2[2]
（a）中箭头、（b）中箭头分别代表结合特定纹理信息前后对容易错分为道路的建筑物的区分情况

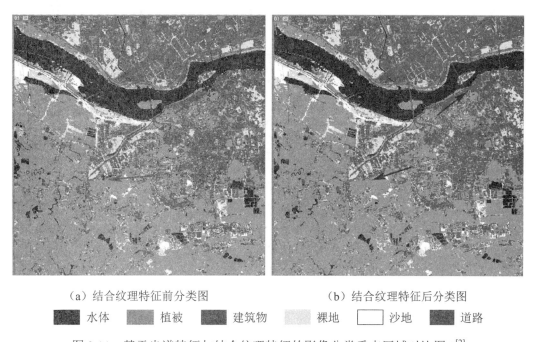

（a）结合纹理特征前分类图　　　　　　　　（b）结合纹理特征后分类图

■ 水体　　■ 植被　　■ 建筑物　　■ 裸地　　□ 沙地　　■ 道路

图 3.11　基于光谱特征与结合纹理特征的影像分类重点区域对比图 3[2]
（a）中箭头、（b）中箭头分别代表结合特定纹理信息前后对容易错分为水体的建筑物的区分情况

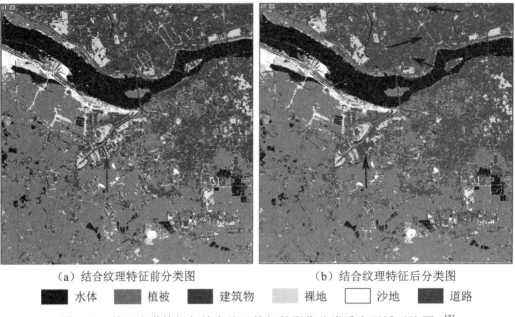

（a）结合纹理特征前分类图　　　　　　　（b）结合纹理特征后分类图

■ 水体　　■ 植被　　■ 建筑物　　□ 裸地　　□ 沙地　　■ 道路

图 3.12　基于光谱特征与结合纹理特征的影像分类重点区域对比图 4[2]

（a）中箭头、（b）中箭头分别结合特定纹理信息前后对容易错分为裸地的建筑物的区分情况

第一，利用 64×64 窗口小波分解第一层粗信息计算差分盒维数空隙特征所得纹理图像 [图 3.7（a）] 对基于光谱特征的影像分类结果进行阈值处理（阈值为 160），处理前后影像分类图对比如图 3.9 所示。分析图 3.9 可知，加入纹理信息后错分为建筑物的水体部分（主要为养殖用地）大部分被区分出来（图中箭头所指区域）。

第二，首先利用 16×16 窗口小波分解第一层粗信息计算多重分形分维数所得纹理图像 [图 3.7（b）] 对图 3.9（b）的结果进一步进行阈值处理（阈值为 170），然后对所得结果进行形态学滤波（先利用 3×3 窗口进行侵蚀滤波，后利用 3×3 窗口进行填充滤波），执行这些处理前后的分类图如图 3.10 所示。分析图 3.10 可知，纹理信息的加入可以在较大程度上改善建筑物错分为道路的情况（图中箭头所指区域）。

第三，同样利用 16×16 窗口小波分解第一层粗信息计算多重分形分维数所得纹理图像 [图 3.7（b）] 对图 3.10（b）结果进行阈值处理（阈值为 135），处理前后影像分类图如图 3.11 所示。从图 3.11 中可以分析得到：加入纹理辅助信息后，建筑物阴影与水体发生混分的情况得到改善（图中箭头所指区域）。

第四，利用 16×16 窗口小波分解第一层粗信息计算 DBC 空隙特征所得纹理图像 [图 3.7（c）] 对图 3.11（b）结果进行阈值处理（阈值选为 115），可得处理前后影像分类图对比如图 3.12 所示。从图 3.12 中可以看出，加入纹理信息后，错分为裸地的建筑物被较好地区分出来（图中箭头所指区域）。

参考原始影像及全色影像，对基于光谱特征与结合纹理特征的影像分类及专题提取结果进行评价。考虑到实验区面积，在结合纹理特征的影像分类图上随机选取 256 个测试点，各地类所选随机点数与地类面积成正比，并设定最小类别取点数为 20 个。同样使用这些点对基于光谱特征的影像分类结果进行评价,则可以分别得到基于光谱特征与结合纹理特征的影像分类误差矩阵(表 3.1、表 3.2)及建筑物专题提取精度(表 3.3)。

表 3.1　基于光谱特征的影像分类误差矩阵[2]

类别	水体	植被	建筑物	裸地	沙地	道路	总计
水体	31	0	0	0	0	0	31
植被	2	80	3	0	0	4	89
建筑物	1	0	46	4	0	6	57
裸地	0	0	8	17	2	4	31
沙地	0	0	0	7	11	3	21
道路	1	2	13	1	0	10	27
总计	35	82	70	29	13	27	256

总体精度 =76.17%　　　　Kappa 系数 =0.700 6

表 3.2　结合纹理特征的影像分类误差矩阵[2]

类别	水体	植被	建筑物	裸地	沙地	道路	总计
水体	34	0	0	0	0	0	34
植被	0	81	5	0	0	4	90
建筑物	1	1	52	3	0	6	63
裸地	0	0	4	18	2	4	28
沙地	0	0	0	8	11	1	20
道路	0	0	9	0	0	12	21
总计	35	82	70	29	13	27	256

总体精度 =81.25%　　　　Kappa 系数 =0.758 7

表 3.3　两种方法提取建筑物精度比较[2]　　　　　　　(单位: %)

方法	指标			
	用户精度	错分率	制图精度	漏分率
基于光谱特征	80.70	19.30	65.71	34.29
结合纹理特征	82.54	17.46	74.29	25.71

对表 3.1～表 3.3 进行分析可知:由于纹理信息的加入,建筑物与水体中养殖用地、裸地、道路的错分情况得到改善,故总体分类精度及 Kappa 系数都有较大的提高;建筑物提取的精度(包括用户精度和制图精度)也有较大提高。

相对于单一使用光谱信息的情况,加入纹理信息后建筑物专题提取主要有三方面得以改进:①将养殖用地错分为建筑物的部分相当好地区分出来;②将建筑物错分为道路的部分较好地区分出来；③将建筑物错分为裸地的部分较好地区分出来。但是它仍存在不足之处：①由于正方形窗口所计算出的道路与不少建筑物的纹理特征值很相近，故加入纹理信息后依然有部分道路被错分为建筑物；②房屋附近的植被与房屋相互掩映，造成两者一定程度上的错分；③裸地中光谱、结构与建筑物比较相似的一部分仍然会与建筑物发生错分。从总体上看，与仅使用光谱特征进行建筑物提取的情形相比，加入纹理信息后，专题提取的结果有较大改善。

参 考 文 献

[1] 栾海军. 高分辨率遥感影像小波域分形纹理特征提取及应用[D]. 福州: 福州大学, 2010.

[2] LUAN H J, ZHANG X X, WANG X Q, et al. Classification of QuickBird Imagery Based on Spectral Feature and Wavelet-domain Fractal Texture[C]// Proceedings of 2015 8th International Congress on Image and Signal Processing. New York, IEEE, 2015: 748-753.

下 篇

基于分形理论的遥感地表参数尺度转换

空间尺度转换是定量遥感重要而基础的问题之一[1-2]，其中空间升尺度转换研究因其可用于解决如反演产品真实性检验等重要问题而受到广泛关注。目前的升尺度转换研究存在如下的问题：①基于离散的多传感器影像的反演量空间升尺度转换研究，所获得的尺度转换关系适用范围十分有限；②基于反演量"尺不变"的物理模型进行的反演量空间升尺度转换研究，受当前反演量"尺不变"物理模型的发展限制，其研究远不成熟。NDVI作为一种重要的反演量，其空间升尺度转换研究同样面临上述两方面的问题。

分形作为一种经典的尺度转换方法，可以对研究对象连续尺度上的演化规律予以定量描述[3]，其在遥感影像识别与分类领域应用广泛，而在定量遥感空间升尺度转换领域则鲜有使用。Li等[4]提出，当物理定律、定理及模型等应用到遥感领域时，其尺度效应体现于三种尺度转换趋势，其中一种即分形（或者近似分形）尺度转换关系。Kim等[5]曾基于分形迭代函数系统建立土壤含水量在若干离散尺度上的统计关系，进行降尺度应用。Zhang等[6]将分形方法应用于遥感土地利用覆盖/覆被的降尺度转换研究中。Zhang等[7-8]利用信息维方法进行叶面积指数（leaf area index，LAI）尺度转换分维特性描述，进一步，Wu等[9]利用相似维方法对LAI升尺度转换分维特性进行研究。上述研究印证了分形理论与方法在遥感地表参数连续尺度转换模型构建方面的优势。

然而，对于分形方法在定量遥感尺度转换研究中的应用，当前学术界存在一定争议。部分学者[10]认为分形方法适用于长度、面积等地表几何属性的尺度转换，不适于地表物理属性的尺度转换研究。基于这一情势，本篇将呈现作者基于分形方法对NDVI升尺度转换模型构建进行的一系列研究，以便为读者提供更多参考。

针对已有定量遥感升尺度转换研究存在的问题，本篇提出基于分形理论通过构建NDVI连续空间尺度转换模型（continuous spatial scaling model，CSSM）予以解决。此模型可揭示NDVI连续空间尺度转换规律，利用此模型有利于快速、有效地实现不同的大尺度（低空间分辨率）NDVI影像真实性检验。本篇选取地类丰富、空间异质性显著的广西壮族自治区北海市沙田半岛作为研究区，综合利用Landsat增强型专题制图仪（enhanced thematic mapper plus，ETM+）、GEOEYE-1及HJ-1B CCD1三种传感器数据，从以下三个方面对基于分形理论的NDVI连续空间尺度转换模型构建进行了系统研究：①基于分形理论的NDVI连续空间尺度转换模型构建；②遥感影像不同特性对模型构建的最合理尺度层级的影响分析；③NDVI连续空间尺度转换模型应用验证。

本篇主要研究内容和研究结论如下。

（1）基于分形理论构建NDVI连续空间尺度转换模型，且进行了该模型适用于NDVI的真实性检验。以沙田半岛ETM+影像为例，基于分形理论构建得到该影像六个不同尺度层级（Level = 33, 66, 100, 150, 200, 250）下的NDVI连续尺度转换模型，基于模型构建的统计学一般性评价指标 r、p、rlo、rup，以 r 最大、$p < 0.05$、rlo $\leqslant r \leqslant$ rup 为标准，确定出模型构建的尺度层级为 Level = 250，对应的模型为 $\log_2 \text{NDVI} = -0.036\,2 \log_2 \dfrac{1}{\text{scale}} - 1.144\,6$。根据此模型，给出适用尺度范围（30～7 500 m）内任一上推尺度 scale，即可得到该尺度影像的NDVI均值。进而，基于所构建的各上推尺度NDVI模型计算值与各上推尺度影

像的"近真值"两者差异的表达公式,对 Level = 250 尺度层级下所得模型在 NDVI 真实性检验中的适用性进行理论论证,结果证明该模型可适用于 NDVI 的真实性检验。

(2)提出基于五参数指标体系的模型构建的最合理尺度层级确定方法。基于沙田半岛 ETM+影像,结合模型构建的统计学合理性评价指标 r、p、rlo、rup 与真实性检验应用效能评价指标 Max_Error,以 $r \geqslant 0.8$、$p < 0.05$、rlo $\leqslant r \leqslant$ rup 及 Max_Error < 0.05 为标准,从追求模型尺度适用范围更大的角度考虑,确定出该影像模型构建的最合理尺度层级为 Level=267,对应的模型为 $\log_2 \mathrm{NDVI} = -0.034\,7 \log_2 \dfrac{1}{\mathrm{scale}} - 1.129\,6$。该模型的尺度适用范围为 $30 \sim 8\,010\,\mathrm{m}$,即基于此模型可对尺度范围内任一 ETM+影像分辨率(30 m)整数倍的遥感影像进行 NDVI 真实性检验。

(3)明确遥感影像特性(覆盖范围、空间分辨率及成像质量)对 NDVI 连续尺度转换模型构建的最合理尺度层级的影响。综合利用沙田半岛四幅遥感影像[ETM+影像(覆盖范围大)、ETM+影像(覆盖范围小)、GEOEYE-1 影像及 HJ-1 影像],研究覆盖范围、空间分辨率及成像质量三种遥感影像重要特性对 NDVI 连续尺度转换模型构建的最合理尺度层级(即模型尺度适用范围最大时的尺度层级)的影响,发现:①对同一类型传感器影像,当下垫面状况相近时,与覆盖范围小、下垫面空间异质性低的遥感影像相比,覆盖范围更大、下垫面空间异质性更高的遥感影像可以获得尺度层级更大、尺度适用范围更大的 NDVI 连续尺度转换模型;②当覆盖范围与下垫面状况相同时,空间分辨率高、下垫面空间异质性较低的遥感影像可以获得覆盖更小尺度(始于与自身分辨率相同大小的尺度)、更为精细尺度(自身分辨率的整数倍尺度)、但尺度层级较小即尺度适用范围较小的 NDVI 连续尺度转换模型,空间分辨率低、下垫面空间异质性更高的遥感影像可以获得覆盖更为粗糙尺度(自身分辨率的整数倍尺度)、但尺度层级更大即尺度适用范围更大的 NDVI 连续尺度转换模型;③对覆盖范围与下垫面状况相同的不同传感器影像,与成像质量较差、反映地物结构复杂性及分布异质性能力较差的传感器影像相比,成像质量更高的传感器影像可以获得尺度层级更大、尺度适用范围更大的 NDVI 连续尺度转换模型。

(4)论证 NDVI 连续尺度转换模型在 ETM+影像 NDVI 真实性检验应用中的有效性。结合成像参数归一化技术,基于 GEOEYE-1 影像及 NDVI 连续尺度转换模型,实现了对 ETM+影像的 NDVI 结果的真实性检验。通过四种不同范围大小的 22 个样区的实验影像真实性检验结果可知:由于 ETM+影像条带缺失及补偿处理的有限作用,样区 ETM+影像的 NDVI 结果普遍存在较大误差,其中整幅影像的 NDVI 结果相对于"真值"存在约 25% 的误差,故该产品不适宜直接应用于实际中。同时,这证明了 NDVI 连续尺度转换模型在真实性检验中的有效性。

除去上述主要内容之外,考虑到分形 IFS 在描述分形现象内在动力学过程方面的优势,本篇基于分形 IFS 进行 NDVI 降尺度转换模型构建研究,它可弥补 NDVI 升尺度转换在动力学过程呈现方面的不足,而 NDVI 等遥感地表参数升降尺度转换融合用于真实性检验有利于获取更为全面、准确的验证结果。

遥感地表参数尺度效应不仅体现在空间上,而且体现在时间上,但是时间尺度效应研究较少。本篇基于多重分形方法的特点，对其在构建 NDVI 等遥感地表参数时空耦合的尺度转换模型方面的实现进行了阐述。

参 考 文 献

[1] 栾海军, 田庆久, 章欣欣, 等. 定量遥感地表参数尺度转换研究趋势探讨[J]. 地球科学进展, 2018, 33(5): 483-492.

[2] 郝大磊, 肖青, 闻建光, 等. 定量遥感升尺度转换方法研究进展[J]. 遥感学报, 2018, 22(3): 408-423.

[3] 陈颙, 陈凌. 分形几何学[M]. 2 版. 北京: 地震出版社, 2005: 49-51, 95-98.

[4] LI X W, WANG J D, STRAHLER A H. Scale effect of Planck's law over nonisothermal blackbody surface[J]. Science in China Series E: Technological Sciences, 1999, 42(6): 652-656.

[5] KIM G, BARROS A P. Downscaling of remotely sensed soil moisture with a modified fractal interpolation method using contraction mapping and ancillary data[J]. Remote Sensing of Environment, 2002, 83: 400-413.

[6] ZHANG H, CAO C X, LI G P, et al. Down-scaling LUCC based on the histo-variogram[J]. Science in China Series E: Technological Sciences, 2009, 52: 1348-1353.

[7] ZHANG R H, TIAN J, LI Z L, et al. Spatial scaling and information fractal dimension of surface parameters used in quantitative remote sensing[J]. International Journal of Remote Sensing, 2008, 29: 5145-5159.

[8] ZHANG R H, TIAN J, LI Z L, et al. Principles and methods for the validation of quantitative remote sensing products[J]. Science in China Series D: Earth Sciences, 2010, 53: 741-751.

[9] WU L, QIN Q, LIU X, et al. Spatial up-scaling correction for leaf area index based on the fractal theory[J]. Remote Sensing, 2016, 8(3): 197.

[10] "遥感尺度效应和尺度转换" 论坛简报[J]. 遥感学报, 2014, 18(4): 735-740.

第 4 章　研究区与实验数据

由于下篇研究主要基于同一研究区及同一批实验影像而进行，故这里对该重点研究区和实验数据进行集中介绍。

本章将分别就本篇的主要研究区、主要实验数据及其预处理进行介绍。其中研究区的介绍包含其地理区划、自然条件等基本信息；实验数据包含遥感数据与非遥感数据两类，遥感数据包含研究中所使用的多种传感器（HJ-1、GEOEYE-1 及 ETM+）的主要载荷参数和研究区影像，非遥感数据包含遥感影像获取时的气象条件、研究区的基本地理信息及研究区的经济、社会信息等；最后，综合利用实验数据，对遥感影像进行预处理。

4.1　研　究　区

研究区的地理区划、自然条件等基本信息介绍如下[1]。

研究区所处的地域为广西壮族自治区的北海市合浦县东部的沙田半岛（其地理位置如图 4.1 所示），包括山口镇和沙田镇。沙田半岛内有以种植桉树林为主的山口林场，山口林场的桉树林主要用于商业造纸和森林防护，它同沙田半岛东西两侧的山口国家红树林生态自然保护区内的红树林构成了此地区的两道沿海防护林带。山口国家红树林生态自然保护区是国务院 1990 年 9 月批准建立的第一批五个国家级海洋类型自然保护区之一，保护区海岸线总长 50 km，总面积 80 km^2，其

图 4.1　研究区地理位置示意图[2]

中陆域和海域各 40 km²，红树林面积 806 km²，是中国第二个国家级的红树林自然保护区。

　　研究区所处的地理范围为东经 109°42′3″～109°45′36″，北纬 21°29′0″～21°33′25″。该研究区东部与英罗港相邻，且研究区中包含部分山口国家红树林生态自然保护区的红树林，西部与丹兜海相邻，北部与玉林市的博白县相邻，南部为北部海域。该研究区属于南亚热带季风型海洋性气候，年平均气温 22.9℃，年平均降水量 1 573.4 mm。选择这一区域作为研究区，是要利用其地类丰富、下垫面空间异质性强、具备潜在的 NDVI 尺度转换分形特性的特点，以突出分形方法在研究定量遥感尺度转换模型构建方面的优势。对应于研究中遥感影像的成像时间（10 月中下旬），研究区内的地物类型主要包括桉树、陆生天然林、红树林、农田、宜林地、人工设施及水体等。水体主要包括海水、水库、湖泊、池塘及养殖水体等；人工设施主要包括城镇、居民区及公路等；农田包括木薯和水稻；宜林地主要为桉树的采伐基地。

4.2　数据支持

4.2.1　遥感数据

　　根据研究需要，共用到 GEOEYE-1、HJ-1 及 Landsat7 ETM+三种遥感数据。下面对各遥感数据进行简要介绍，以便更好地理解其特性。同时，将对研究所用影像数据进行说明。

1. GEOEYE-1 卫星[3]

　　GEOEYE-1 卫星由美国商业卫星遥感公司 GeoEye 于 2008 年 9 月 6 日发射成功。该卫星具备目前商用遥感卫星中领先的空间分辨率（全色为 0.5 m，多光谱为 2 m），同时该卫星具备几何定位精度高、重访周期短的特点。这使该卫星在重点区域的大比例尺制图、细微地物解译与判读等方面优势突出。它的主要载荷参数描述见表 4.1。

表 4.1　GEOEYE-1 卫星主要载荷参数[4]

相机模式	全色和多光谱同时（全色融合）；单全色；单多光谱		
分辨率	星下点全色：0.41 m；侧视 28°全色：0.5 m；星下点多光谱：1.65 m		
波长	全色：450～800 nm		
	多光谱		蓝：450～510 nm
			绿：510～580 nm
			红：655～690 nm
			近红外：780～920 nm
定位精度（无控制点）	立体 CE90：4 m；LE90：6 m		
	单片 CE90：5 m		
幅宽	星下点 15.2 km；单景 225 km² （15 km×15 km）		
成像角度	可任意角度成像		
重访周期	2～3 天		
单片影像日获取能力	全色：近 700 000 km²/天（相当于青海省的面积）		
	全色融合：近 350 000 km²/天（相当于湖南省、湖北省两个省的面积）		

　　研究中使用的是 2009 年 10 月 16 日 GEOEYE-1 传感器的沙田半岛多光谱遥感影像，如图 4.2 所示。

图 4.2　研究区原始 GEOEYE-1 假彩色合成影像
R：4，G：3，B：2

2．HJ-1 卫星[5]

HJ-1 卫星全称为环境与灾害监测预报小卫星，且由 HJ-1A、HJ-1B 两颗卫星组成星座，于 2008 年 9 月 6 日发射升空。HJ-1A 星搭载有 CCD 相机和超光谱成像仪（hyperspectral imaging radiometer，HSI），HJ-1B 星搭载有 CCD 相机和红外相机（infrared scanner，IRS）。在 HJ-1A、HJ-1B 卫星上皆装载有两台 CCD 相机，其设计原理完全相同，且以星下点对称放置，平分视场、并行观测，共同实现对地刈幅宽度 700 km、像元空间分辨率 30 m、四谱段的推扫成像。此外，在 HJ-1A、HJ-1B 卫星上分别装载有一台超光谱成像仪和一台红外相机，以完成更广泛的探测任务。HJ-1A、HJ-1B 卫星的轨道完全相同，只是相位相差 180°，从而实现对感兴趣区域的快速重访（CCD 相机 2 天，HSI 或 IRS 4 天），达到环境与灾害监测的目的。卫星上各载荷的主要参数描述见表 4.2。

表 4.2　HJ-1A、HJ-1B 卫星主要载荷参数

平台	有效载荷	波段	光谱范围/μm	空间分辨率/m	幅宽/km	侧摆能力	重访时间/天
HJ-1A	CCD 相机	1	0.43～0.52	30	360（单台）700（两台）	无	4
		2	0.52～0.60	30			
		3	0.63～0.69	30			
		4	0.76～0.90	30			
	高光谱成像仪	—	0.45～0.95（110～128 个谱段）	100	50	±30°	4
HJ-1B	CCD 相机	1	0.43～0.52	30	360（单台）700（两台）	无	4
		2	0.52～0.60	30			
		3	0.63～0.69	30			
		4	0.76～0.90	30			
	红外多光谱相机	5	0.75～1.10	150（近红外）	720	无	4
		6	1.55～1.75				
		7	3.50～3.90				
		8	10.5～12.5	300			

研究中使用的是 2009 年 10 月 7 日 HJ-1B CCD1 传感器的沙田半岛多光谱遥感影像，如图 4.3 所示。

3．Landsat7 ETM+传感器[6]

Landsat7 于 1999 年 4 月 15 日发射升空，装备有增强型专题制图仪（ETM+）设备，ETM+被动感应地表反射的太阳辐射和发射的热辐射，包含八个波段，覆盖了从可见光到红外的不同波长范围。Landsat7 ETM+传感器较 Landsat5 Thematic Mapper（TM）设备的

图 4.3　研究区原始 HJ-1 假彩色合成影像
R: 4, G: 3, B: 2

主要差别有：增加了分辨率为 15 m 的全色波段（PAN 波段）；波段 6（红外波段）的数据分低增益和高增益两类，分辨率从 120 m 提高到 60 m。2003 年 5 月 31 日，Landsat7 ETM+机载扫描行校正器（SLC）故障，导致此后获取的图像出现了数据条带丢失，严重影响了Landsat ETM+遥感影像的使用，但没有对数据的辐射特性造成影响。该传感器的载荷参数等信息已广为熟知，这里仅将其波段信息简要列表（表 4.3）如下。

表 4.3　ETM+传感器各波段参数

波段	波长范围/μm	地面分辨率/m
1	0.450～0.515	30
2	0.525～0.605	30
3	0.630～0.690	30
4	0.750～0.900	30
5	1.550～1.750	30
6	10.400～12.500	60
7	2.090～2.350	30
8	0.520～0.900	15

　　研究中使用的是 2009 年 10 月 23 日 Landsat7 ETM+传感器的沙田半岛多光谱遥感影像，如图 4.4 所示。

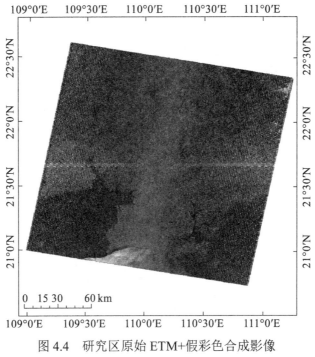

图 4.4　研究区原始 ETM+假彩色合成影像
R: 4，G: 3，B: 2

选择上述传感器影像进行研究的原因是：分别选择 Landsat7 ETM+数据与 HJ-1B CCD 数据作为中等分辨率遥感影像的代表，选择 GEOEYE-1 数据作为高分辨率遥感影像的代表进行实验，两种分辨率影像的研究可以使书中分形研究方法的普遍适用性得到验证。

4.2.2　非遥感数据

研究中共使用了如下几类非遥感数据。

（1）研究区的基本气象数据：从国家气象信息中心（http://data.cma.cn/，[2019-01-27]）与合浦县气象局获取，包括能见度、水平气象视距等气象数据，为实验影像进行大气校正及地表辐亮度计算提供输入参数；包括降雨、气温、气压及风速等基本气象数据，为实验数据（2009 年 10 月 16 日的 GEOEYE-1 沙田半岛影像与 2009 年 10 月 23 日的 ETM+沙田半岛影像）的时相归一化处理提供支持。

（2）研究区的基本地理信息：从国家基础地理信息中心（http://www.ngcc.cn/，[2019-01-27]）及北海市合浦县人民政府门户网站（http://www.hepu.gov.cn/，[2019-01-27]）获取，包含地理范围、基本地貌、地形状况等，在进行实验影像大气校正与地表辐亮度影像计算时，可为 ENVI FLAASH 模块与 6S 软件的大气模式、气溶胶模式、地表高程等参数输入提供依据。

（3）研究区的基本经济、社会数据：从北海市合浦县人民政府门户网站获取，包含城镇范围与发展态势、农林渔等产业分布状况等信息。一方面，这有助于了解实验影像地类构成，把握下垫面空间异质性程度，为实验结果的分析与验证提供条件；另一方面，这有助于分析研究区人地作用关系，为揭示影像某些参量的空间尺度效应成因提供条件。

4.3　实验数据预处理

这里将对研究中所用的遥感影像进行预处理。根据本篇各章节的研究需要，具体的影像预处理描述如下。

4.3.1　GEOEYE-1 影像预处理

GEOEYE-1 影像预处理的目的是用于本篇第 6 章"遥感影像特性对模型构建最合理尺度层级的影响"与第 7 章"NDVI 连续尺度转换模型应用验证"的研究。

原始数据为 2009 年 10 月 16 日获取的 GEOEYE-1 沙田半岛影像（图 4.2），大小为 4 112 像元×3 036 像元，空间分辨率为 2 m。对原始影像进行辐射定标；并根据影像成像时的大气、成像几何及地表状况，利用 ENVI FLAASH 模块对其进行大气校正；并根据地表辐亮度与地表反射率关系模型（地表辐亮度＝地表入射辐照度×地表半球−方向反射率）[7]计算得到实验区地表辐亮度数据。考虑到 GEOEYE-1 影像自身的定位精度较高，实验区内地形起伏较小；同时影像并不用于地类识别、专题信息提取等方面，而是侧重于本篇方法适用性的研究上，故在未获取足量的地面控制点及高空间分辨率 DEM 的条件下，未对实验影像进行几何校正与正射校正。预处理后的实验影像如图 4.5 所示。

图 4.5　预处理后实验区 GEOEYE-1 假彩色合成影像[2]
R: 4, G: 3, B: 2

4.3.2　HJ-1 影像预处理

HJ-1 影像预处理的目的是用于本篇第 6 章"遥感影像特性对模型构建最合理尺度层级的影响"研究。

原始数据为 2009 年 10 月 7 日获取的 HJ-1B CCD 沙田半岛影像，见图 4.3。参考如

图 4.2 所示的 GEOEYE-1 影像截取范围稍大的子区（图 4.6）。对子区影像进行辐射定标；根据影像成像时的大气、成像几何及地表状况，利用 ENVI FLAASH 模块对定标后影像进行大气校正，得到地表反射率影像；继而根据地表辐亮度与地表反射率关系模型（地表辐亮度 = 地表入射辐照度×地表半球－方向反射率）[7]计算得到子区地表辐亮度数据。进一步，以 GEOEYE-1 影像为参考影像对子区影像进行几何精校正，校正时选取 31 个控制点、均方根误差控制在 0.29 个像元。基于预处理后的子区影像截取出与 GEOEYE-1 影像相同的区域作为实验影像，如图 4.7 所示。

 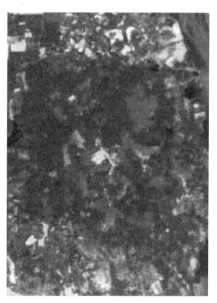

图 4.6　实验区原始 HJ-1 假彩色合成影像[2]　　　　图 4.7　预处理后 HJ-1B CCD 假彩色
　　　　　R: 4, G: 3, B: 2　　　　　　　　　　　　　　　合成影像[2]
　　　　　　　　　　　　　　　　　　　　　　　　　　　R: 4, G: 3, B: 2

4.3.3　ETM+影像预处理

ETM+影像预处理的目的是用于本篇第 5 章"NDVI 连续空间尺度转换模型构建"、第 6 章"遥感影像特性对模型构建最合理尺度层级的影响"及第 7 章"NDVI 连续空间尺度转换模型应用验证"的研究。根据三章的不同需要，该影像的预处理可分为两类。

1. 第一类预处理

这里的 ETM+影像预处理将用于第 5 章的研究，将其称为第一类预处理。

原始数据为 2009 年 10 月 23 日获取的 Landsat7 ETM+沙田半岛影像（图 4.4），对原始影像进行数据条带修复、辐射定标等预处理，并根据影像成像时的大气、成像几何及地表状况，利用 ENVI FLAASH 模块对其进行大气校正；并根据地表辐亮度与地表反射率关系模型（地表辐亮度 = 地表入射辐照度×地表半球－方向反射率）[7]计算得到实验区地表辐亮度数据。考虑到 ETM+影像自身的定位精度较高；同时影像并不用于地类识别、专题信息提取等方面，而是侧重于本篇方法适用性的研究上，故在未获取足够的地面控制点的条件下，未对实验影像进行几何校正。考虑到控制影像内观测天顶角差异、精确计算地表辐亮度的需要，对整幅影像进行裁剪，选取了合浦县沙田半岛处的 400 像元×300 像元区域为实验区，预处理后的影像如图 4.8 所示。

图 4.8　第一类预处理后实验区 ETM+假彩色合成影像[2]

R: 4, G: 3, B: 2

2. 第二类预处理

这里所进行的 ETM+影像预处理将用于第 6 章与第 7 章的研究，将其称为第二类预处理。

原始数据为 2009 年 10 月 23 日获取的 Landsat7 ETM+沙田半岛影像（图 4.4）。由于原始的 ETM+影像存在坏条带，首先进行坏条带去除。由于 GEOEYE-1 影像与 ETM+影像皆为 WGS-84 坐标系、UTM 投影，且通过地理链接观测得知，两幅影像特征点几何位置对应精确，故未参考 GEOEYE-1 影像对 ETM+影像进行相对校正。在修复后的 ETM+影像中截取出与 GEOEYE-1 影像相同的子区作为实验影像。利用 ETM+传感器定标系数对实验影像进行辐射定标，得到星上辐亮度影像。根据影像成像时的大气、成像几何及地表状况，利用 ENVI FLAASH 模块对其进行大气校正，得到地表反射率影像。根据地表辐亮度与地表反射率关系模型（地表辐亮度 = 地表入射辐照度×地表半球–方向反射率）[7] 计算得到实验区地表辐亮度数据。最后得到预处理后的实验影像，如图 4.9 所示。

在第 6 章进行相同覆盖范围的 GEOEYE-1 与 ETM+影像所构建模型的比较时，以及

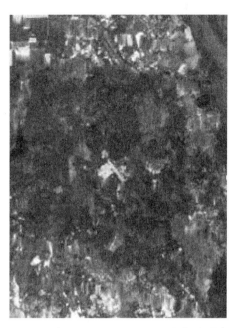

图 4.9   第二类预处理后 ETM+假彩色合成影像[2]
R：4，G：3，B：2

在第 7 章利用 GEOEYE-1 影像对 ETM+影像进行真实性检验前，两幅影像间都需要具备很好的地理对应关系。研究中没有基于 GEOEYE-1 影像对 ETM+影像进行相对校正，具体原因包含以下三点。

（1）GEOEYE-1 影像与 ETM+影像自身几何定位精度很高，两种传感器具备成熟、稳定的成像模型，使用 WGS-84 坐标系，其几何粗校正精度很高；

（2）若以 2 m GEOEYE-1 影像为参考，对 ETM+影像进行几何校正，由于两幅影像的空间分辨率相差较大，不易在 ETM+影像上找到可精确对应 GEOEYE-1 影像的特征点；

（3）经过地理链接，对经过系统级几何校正的 GEOEYE-1 影像与 ETM+影像进行几何位置对应，发现两幅影像相同的特征点表现出很好的地理坐标吻合特性。

参 考 文 献

[1] 张雪红. 基于高分辨率遥感的桉树林空间异质性与尺度效应研究[D]. 南京: 南京大学, 2012.

[2] 栾海军. 基于分形理论的 NDVI 连续空间尺度转换模型构建[D]. 南京: 南京大学, 2013.

[3] 上帝之眼. GeoEye-1 卫星介绍 [EB/OL]. [2019-01-22]. http://www.godeyes.cn/satellite/geoeye-1/about.html.

[4] 上帝之眼. GeoEye-1 卫星参数 [EB/OL]. [2019-01-22]. http://www.godeyes.cn/satellite/geoeye-1/parameter.html.

[5] 中国资源卫星应用中心. 环境一号 A/B/C 星 [EB/OL]. (2014-10-15)[2019-01-22]. http://www.cresda.com/CN/Satellite/3064.shtml.

[6]　中国遥感数据网. 美国陆地卫星 LANDSAT 系列[EB/OL]. [2019-01-22]. http://rs.ceode.ac.cn/satelliteintroduce/introLandsats.jsp.

[7]　MARTONCHIK J V, BRUEGGE C J, STRAHLER A H. A review of reflectance nomenclature used in remote sensing[J]. Remote Sensing Reviews, 2000, 19: 9-20.

第 5 章　NDVI 连续空间尺度转换模型构建

　　空间尺度问题是定量遥感重要而基础的问题之一[1-2]。学者对不同地表参数的尺度效应进行研究。研究尺度效应有利于协同利用不同时空尺度遥感数据，解决"海量"遥感影像无法充分利用的问题，具有重要的应用潜力与科研价值[2]。鉴于地物具备时空特性，遥感地表参数不仅具有空间尺度效应，而且具有时间尺度效应。学者对地表参数尺度效应进行广泛而深入的研究，并利用尺度转换模型定量描述尺度效应。研究者利用统计方法建立反演量尺度转换的线性或非线性关系[3-4]，或者从产生尺度效应的生物物理机制出发基于"尺不变"（或者近似"尺不变"）的反演量物理模型推演其尺度转换规律[5-8]。学者对如物理学原理、定律在遥感像元尺度上的表现形式[5]，对物候学参数[9]、光合作用光利用效率[10]、土壤蒸散[11]、总初级生产力（gross primary productivity, GPP）[12]等反演量的尺度效应及其在生态学、水文学等领域的应用进行研究，获得了良好效果。

　　然而，已有的反演量升尺度转换研究往往侧重于离散的几种不同分辨率影像同一类型反演量的统计关系的建立，所研究的尺度层级及范围十分有限，没有在真正意义上揭示出反演量在连续、系列尺度上的转换规律。同时，反演量物理模型的发展尚不成熟，无法满足需求。而且，由于不同传感器运行、光谱、辐射等特性参数不尽相同，传感器间同一反演量的尺度转换将牵涉成像几何、光谱及时相等参数归一化中的一种甚至几种，这为传感器间反演量的尺度转换研究增添了新的困难。

分形作为一种经典的尺度转换研究方法，可以对研究对象连续尺度上的演化规律予以定量描述[13]。然而，该方法在影像模式识别与分类等遥感应用领域使用广泛，但在定量遥感领域却鲜有使用。

根据 Li 等[5]的研究，当物理定律、定理及模型等在应用到遥感领域时，其尺度效应体现出三种尺度转换趋势：①尺度不变；②分形（或者近似分形）尺度转换关系；③不存在简单的函数关系，需要通过小尺度结果的积分或者面积加权计算得到，甚至无关系。这一观点十分重要，对反演量尺度转换特性的研究具有指导与启发意义。徐希孺[14]也提倡积极探索利用分形等数学方法解决重要的定量遥感问题。

此后，Zhang 等[15]提出并实践了利用分形方法探讨定量反演量尺度转换规律的思想。他们基于单幅影像利用分形方法对空间尺度转换规律进行了定量描述，给出了一定具体条件下的 LAI 的分维数；并基于分形方法提出了"一检两恰"的真实性检验流程。基于单幅影像研究自觉避免了反演量尺度转换中不同传感器成像参数归一化的干扰，便于得到真实的反演量尺度转换规律[7]。这是分形方法应用于定量遥感尺度效应研究的一次重要尝试，研究中获得了一些很有吸引力的结果。但是该方法中仍有若干重要问题需要解决：①研究对象如何选择的问题。由于面临遥感模型的正确性、土壤背景信息的消除及大气效应影响的消除三个问题，常用的基于植被指数［如 NDVI、比值植被指数（ratio vegetation index，RVI）等］与 LAI 的统计关系讨论 LAI 尺度效应的方法，面临着实际相关关系一致性较差、离散度偏大的问题[7]。同时，为了研究的方便性，文献[7]中所采用的 LAI 反演模型与精确模型相比进行了一定的简化与近似，精度有所限制。②分形尺度转换方法是否适合应用于反演量真实性检验的问题。

在诸多遥感地表生物物理参数中，NDVI 作为植被生长状态及植被覆盖度的最佳指示因子，与 FVC[8]、LAI[16]、光合作用光利用效率[10, 17]、绿色生物量[18]、植被生产力[12, 19]、景观物候学参数[9, 20]等关系密切，被广泛应用于环境（气候）变化、农作物估产等领域。因此，其空间尺度效应得到特别关注与研究。

故本章以 NDVI 为研究对象，对已有研究存在的问题进行分析解决，基于分形理论尝试建立其连续空间尺度转换模型。具体包含模型构建方法的阐述、模型构建及构建的最合理尺度层级确定等主要内容，并基于这些研究内容对 NDVI 存在尺度效应的原因进行分析，对模型在真实性检验中的适用性分析方法进行讨论。

5.1　NDVI 连续空间尺度转换模型构建方法

一般地，严格的模型构建往往从数学原理描述、模型构建参数提炼及模型构建的具体实现几个方面依次进行。下面将从这三个方面对基于分形理论构建 NDVI 连续空间尺度转换模型的思想与实现方法进行系统、完备的阐述。

5.1.1　模型构建的数学基础：相似维

陈颙等在其著作《分形几何学》[13]里论述：研究分形的数学基础是测度论（measure theory）和公度拓扑学（metric topology）。由测度论给出的分形定义不易被无测度论理论基础的人理解，并且难以将其应用于实际中。分形理论的创立者 Mandelbrot 给出了更易理解的概念。定义 1[21]：局部以某种形式与整体相似的形状称为分形。定义 2[22]：分形集合是这样一种集合，它比传统几何学所研究的所有集合还要更加不规则（irregular），无论是放大还是缩小，甚至进一步地缩小，这种集合的不规则性仍是明显的。这两种定义虽然不够精确和不够数学化，但在物理上易于理解。

而定量刻画分形特征的参数即分维数或分维[13]。Mandelbrot 1967 年进行英国海岸线测量的方法[23]可认为是分形测量的先例，对后来的分形测量的发展影响深远。分形测量方法不断发展，如根据上述分形的定义，可以得到从自相似角度定义的分维数：若某图形是由全体缩小成 $1/s_0$ 的 u 个相似形所组成，s_0、u 皆为可变自然数，则该图形为分形体，其分维数由式（5.1）可以计算：

$$D = \log_{\frac{1}{s_0}} u = \frac{\lg u}{\lg \frac{1}{s_0}} \tag{5.1}$$

此外，分维数还有其他的多种定义和计算方法，如盒维数、容量维、信息维、关联维、广义分维等。其中，容量维、信息维和关联维都是广义分维的特例。

分维数计算方法多样，各方法存在各自的优势与不足。考虑到本篇所进行的是分形理论在 NDVI 连续空间尺度转换模型构建方面的探索研究，故这里初步利用相似维方法进行 NDVI 连续空间尺度转换模型构建时的分形计算，其他的分形计算方法将在以后的研究中进一步使用。

5.1.2　模型构建所需的参数：各上推尺度及其影像 NDVI 均值

上述相似维的定义方法即本篇研究中所利用的分维数计算方法。不同的是：在本篇中，上述分维数定义中的缩放倍数体现为不同的上推空间尺度对于（作为上推基础的）基础影像的空间尺度的比值，定义里面的相似形个数体现为各上推尺度下的 NDVI 影像均值，则书中基于分形理论构建 NDVI 连续空间尺度转换模型所需的参数为各上推尺度及各上推尺度影像 NDVI 均值。分形研究最核心的目的是建立不同度量尺度（如本篇中的各上推尺度）与不同度量尺度下感兴趣量（如本篇中的各上推尺度影像 NDVI 均值）之间的数学关系。而分形研究中最简单、核心的分维数计算方法（如相似维）就是在双对数坐标系内建立不同度量尺度与不同度量尺度下感兴趣量取对数后的统计关系，从而实现分形几何学揭示复杂现象（如地学现象）背后所蕴藏的简单规律的目的。

5.1.3　模型构建的具体实现：NDVI 连续空间尺度转换模型构建

基于分形理论构建 NDVI 的连续空间尺度转换模型，这里的"连续"是指反演量在尺度间隔相同的大量尺度上所表现出的统一的转换特性。同时参考上述 2 中的描述可知，若要构建 NDVI 连续空间尺度转换模型，获得大量尺度及各对应尺度下的 NDVI 影像是前提条件。为实现此条件，从而构建具有明确物理意义的 NDVI 连续空间尺度转换模型，研究中选择利用单一传感器影像并使用 NDVI 的地表辐亮度计算模型进行其尺度转换模型构建。如此设计的原因可概述为：利用"单一传感器影像"为"大量尺度"及"各对应尺度下的 NDVI 影像"的获取提供了必要条件，而使用"NDVI 的地表辐亮度计算模型"则保证了上述获得的各上推尺度 NDVI 影像的准确性，进而保证了所构建的 NDVI 连续空间尺度转换模型在物理上的严密性。

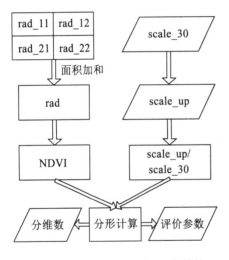

图 5.1　NDVI 连续空间尺度转换
模型的构建流程图[24]

基于上述设计思想，利用具体的遥感影像获得模型构建所需的各上推尺度及各尺度下的 NDVI 影像后，便可以实现模型的构建。以 30 m ETM+影像为例，研究设计了 NDVI 连续空间尺度转换模型构建的具体流程（图 5.1）：由最小尺度（这里是 ETM+的尺度）的地表辐亮度（如 rad_11、rad_12、rad_21、rad_22）通过面积加和的方法得到大尺度下的地表辐亮度 rad，进而计算相应尺度下的 NDVI 值，最终可以得到各大尺度下的 NDVI 数组；以 ETM+影像尺度 scale_30 为基数，上推尺度为 scale_up，将它对尺度基数的比值 scale_up/scale_30 定义为分形计算所需的尺度因子 scale；对尺度的倒数（1/scale）与 NDVI 数组分别取以 2 为底的对数，并对处理结果进行直线拟合，此过程为分形计算，计算结果为分维数与评价参数。

设拟合直线方程为[24]

$$\log_2 \mathrm{NDVI} = d\log_2 \frac{1}{\mathrm{scale}} + b \tag{5.2}$$

$$\mathrm{NDVI} = 2^b \left(\frac{1}{\mathrm{scale}}\right)^d \tag{5.3}$$

式中：d 是拟合直线的斜率；b 是拟合直线的截距，b 是常量。

所求的分维数 D 与拟合直线的斜率 d 有如下的关系[24]：

$$D = 2 - d \tag{5.4}$$

Zhang 等[15, 25-26]曾提出利用信息分维数方法建立反演量尺度转换模型。信息分维数方法融入了影像其他的信息，反而在一定程度上干扰了目标信息的提取。与信息分维数方法相比，这里所用的相似维分形测量方法可以直观地刻画 NDVI 连续空间尺度转换规律。

通过比较可以发现，式（5.2）中的分形模型与式（5.1）中的相似维定义公式存在 "b" 的差异。造成这种差异的原因是：式（5.1）所描述的对象（分形体）属于理想的数学分形，而本篇的研究对象（NDVI）在不同尺度间转换时所具备是统计分形特征，它属于统计分形。数学分形与统计分形的差异和联系可具体阐述如下。

（1）差异。通常所遇到的分形，大体上可分为两类：第一类是严格满足自相似条件的分形，它要求分形体的整体和局部（从形状、数量等所有的考察角度看）完全相似的条件得到严格的满足，此类分形称为数学分形，如可以用相似维描述的分形；第二类是自然界中遇到的大多数图形或现象，它们的自相似性不像数学分形所显示的那样理想化，其自相似性或标度不变性往往以统计方式呈现出来，即当尺度改变时，该尺度所包含的部分统计学特征与整体是相似的。对于第二类分形，称其为统计分形或无规分形，如本篇所研究的 NDVI 反演量。

（2）联系。数学分形作为一种理想情况，研究对象必须具备两个条件：①分形体具有无穷的 "尺度层级"，只有具备无限的尺度层级，才有可能使自相似性（标度不变性）处处成立；②分形体的任何一个局部放大后，都和整体（在形状、数量及统计分布上）完全相似。数学分形是分析自然界复杂事物和现象的一个数学模型。将数学分形具体应用到真实的自然现象，需要对其进行推广和修正。概括起来，推广体现在两个方面：第一是由无穷的 "尺度层级" 到有限的 "尺度层级" 的推广，由此带来了在一定范围内自相似性（标度不变性）成立的问题，即无标度区间的问题；第二是由严格的数学相似性到近似的统计相似性的推广。从式（5.1）中相似维的严格的数学分形定义到式（5.2）中基于统计方法所得的 NDVI 的统计分形模型，从式（5.1）简洁的定义到式（5.2）中调整项 "b" 的出现，这些都是从数学分形到统计分形推广和修正的体现。

同时，通过比较可以发现，式（5.4）中的分维数计算公式与式（5.1）中的相似维定义公式存在 "2" 的差异。造成这种差异的原因是：式（5.1）所描述的分形对象属于一维分形体，而本篇的研究对象（NDVI）是基于二维影像平面计算所得，属于二维分形体，通过相似逻辑，对基于一维分形体计算所得的分维数做出了如式（5.4）所示的 "2" 值的调整。分维数具有明确的物理意义，它反映的是研究对象尺度转换时变化的剧烈程度，这是研究对象内部结构的外在体现。当分维数越大时，说明研究对象的内部结构越复杂。这也是分维数与一般的基于统计方法所得的拟合直线的斜率相异的一个重要方面。就本篇而言，NDVI 连续空间尺度转换模型的分维数反映了 NDVI 尺度转换时变化的剧烈程度，分维数越大，说明 NDVI 尺度转换时变化越剧烈，NDVI 的尺度效应越显著。

根据式（5.3）可以计算得到（模型尺度适用范围内）任意尺度上的 NDVI 影像均值。故基于所构建的 NDVI 连续空间尺度转换模型，可以对（模型尺度适用范围内）任意尺度间的 NDVI 转换关系予以定量描述，揭示其尺度转换规律。它是基于分形理论首次构建得到的具有真实物理基础的反演量连续空间尺度转换模型。

5.2　NDVI 连续空间尺度转换模型构建及适用性分析

5.2.1　模 型 构 建

基于如图 4.8 所示的 ETM+地表辐亮度影像，以 30 m 分辨率 ETM+影像为尺度的第一层级（level = 1），令空间分辨率以等差数列的形式递增（公差为 30 m，即 ETM+影像的尺度），则可依次得到 30×2 m、30×3 m、$\cdots$、30×17 m、30×18 m、$\cdots$、30×32 m、30×33 m 的空间分辨率，这些分辨率分别对应于尺度的第 2 层级（level = 2）、第 3 层级（level = 3）、$\cdots$、第 17 层级（level = 17）、第 18 层级（level = 18）、$\cdots$、第 32 层级（level = 32）、第 33 层级（level = 33）。此时总的尺度层级 Level = 33。

依照 Level = 33 的尺度层级获得方法，同理可以得到 Level = 66、Level = 100、Level = 150、Level = 200 及 Level = 250 的尺度层级。

在获得各尺度层级的条件下，依照流程图 5.1 及相应的分形计算公式对影像进行计算，可以构建 NDVI 连续空间尺度转换模型，图 5.2 为计算结果。图 5.2 中，横坐标 $\log_2(1/scale)$ 中的 scale 代表不同的上推尺度与（作为上推基础的）基础影像尺度的比值，scale = level = 1, 2, $\cdots$, Level，纵坐标 $\log_2 NDVI$ 中的 NDVI 代表各上推尺度下的 NDVI 影像均值；D 代表所构建的 NDVI 连续空间尺度转换模型的分维数，"基于实际影像"代表基于实际影像（这里为 ETM+影像）不同上推尺度的统计数据所绘的图形，"基于拟合直线"代表基于实际统计数据所得拟合直线[即式（5.2）所示的 NDVI 连续空间尺度转换模型]上各尺度计算数据所绘的图形，这五个符号所代表的含义同样适用于下面相同类型的图形。

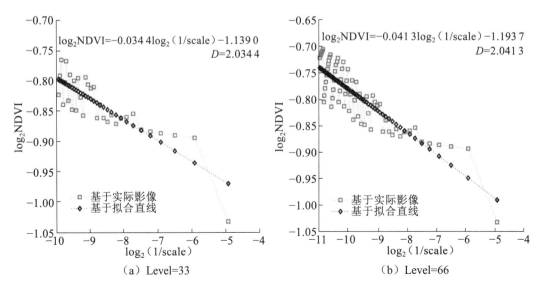

（a）Level=33　　　　　　　　　（b）Level=66

图 5.2　6 种不同尺度层级下所构建的 NDVI 连续空间尺度转换模型[24]

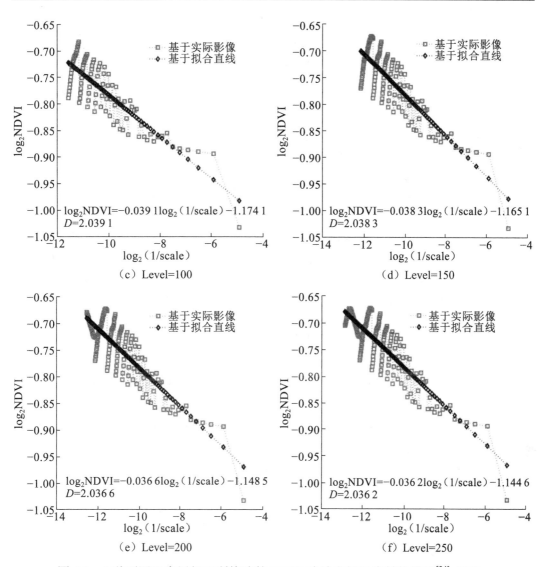

图 5.2　6 种不同尺度层级下所构建的 NDVI 连续空间尺度转换模型[24]（续）

同时给出评价该模型的参数表，如表 5.1 所示。

表 5.1　各尺度层级下所得模型评价[24]

参数	Level=33	Level=66	Level=100	Level=150	Level=200	Level=250
r	0.856 1	0.874 9	0.855 5	0.845 5	0.863 5	0.880 4
r_0	<0.735	<0.735	<0.735	<0.735	<0.735	<0.735
p	<0.05	<0.05	<0.05	<0.05	<0.05	<0.05
rlo	0.726 2	0.802 9	0.792 2	0.792 6	0.823 4	0.849 0
rup	0.926 9	0.921 8	0.900 6	0.885 7	0.895 0	0.905 5

对评价参数进行分析。分维数 D 比较小，说明 $\log_2 \dfrac{1}{\text{scale}} - \log_2 \text{NDVI}$ 曲线的结构不复杂。r 表示拟合直线与真实曲线的相关系数，r_0 表示当样本数量为 n 时所得拟合直线可以接受的最小相关系数值。$r > r_0$ 表明线性拟合程度良好，$\log_2 \dfrac{1}{\text{scale}} - \log_2 \text{NDVI}$ 数组适宜线性拟合，NDVI 随尺度变化具备分形特征；r 不等于 1 表明此分形结构非理想的完全自相似分形。当 p 较小（小于 0.05）时说明计算的 r 是有意义的。rlo、rup 为相关系数 95% 置信区间的下界值与上界值，表明 r 的真实值不足 rlo 的概率小于 5%。

基于上述分析，比较这 6 个不同尺度层级下模型的评价参数，认为选取 Level = 250（对应最大尺度为 250 × 30 m，即 7 500 m）时的计算结果作为最终的分形计算结果比较合适。原因是：此时的 r 最大，表明线性拟合程度良好，NDVI 随尺度变化具备典型的分形特征，但非完全自相似分形；p 远小于 0.05，说明计算的 r 有意义；r 的真实值不足 0.880 4 的概率小于 5%。故所确定的 NDVI 连续空间尺度转换模型为 $\log_2 \text{NDVI} = -0.036\,2\,\log_2 \dfrac{1}{\text{scale}} - 1.144\,6$。根据此模型，给出适用尺度范围（30 ~ 7 500 m）内任一 scale 值，即可得到上推尺度影像的 NDVI 均值。

5.2.2　模型在 NDVI 真实性检验中的适用性分析

在定量遥感真实性检验中，通常利用高分辨率遥感影像反演数据通过融合得到所需低分辨率影像反演数据，进而对低分辨率影像反演产品进行验证[27]。

以往的研究中，未考虑分形模型是否适合应用于反演量真实性检验的问题。由于这里所使用的分形为统计分形，它与数学分形不同，并不具备完全的自相似性。在进行统计分形计算时线性拟合所带来的误差需要评估，以判定基于分形方法所得的尺度转换结果应用于反演量的真实性检验时，精度是否满足要求。故在研究中，将会对分形模型在反演量真实性检验中的适用性进行实验验证与理论分析。

首先构建模型计算值与各上推尺度影像的"近真值"两者差异的表达公式[24]：

$$\log_2 \text{NDVI}_1 = d\log_2 \frac{1}{\text{scale}_1} + b \tag{5.5}$$

$$\text{NDVI}_1 = 2^b \left(\frac{1}{\text{scale}_1} \right)^d \tag{5.6}$$

$$\text{Diff} = \text{NDVI}_1 - \text{NDVI}_2 \tag{5.7}$$

$$\text{Error} = \text{Diff} / \text{NDVI}_2 \tag{5.8}$$

式中：NDVI_1 是利用模型计算得到的某尺度下影像 NDVI 均值；NDVI_2 是各上推尺度 NDVI 影像的均值（该值可认为是"近真值"）；Diff 是 NDVI_1、NDVI_2 的差值，即模型值 NDVI_1 的误差；Error 是差值 Diff 在 NDVI_2 中所占的比重，即模型值 NDVI_1 相对于"近真值" NDVI_2 的误差百分比。

在 Level = 250 条件下，计算各尺度（scale）下的 Error，并对结果进行图形化显示，结果如图 5.3 所示。图 5.3 中，横坐标中 scale 代表各上推尺度，scale = level × 30 m，level = 1，2，…，250；纵坐标 Error 为在对应的各上推尺度下模型计算得到的 NDVI 误差比率。

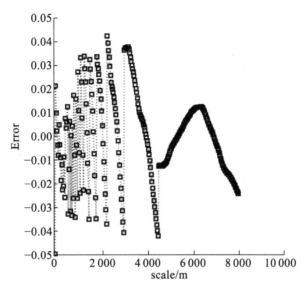

图 5.3　两种方法所得影像 NDVI 结果的差异 scale-Error 曲线[24]

由图 5.3 可知：在不同上推尺度下，两种方法所得结果差异绝对值 Error 通常不为 0；在 Level = 250（即最大上推尺度约为 7 500 m）的条件下，此差异绝对值 Error 的最小值为 $9.032\,2 \times 10^{-5}$（对应于上推尺度 scale = 5 490 m）、最大值为 0.044 6（对应于上推尺度 scale = 30m），则模型所得结果与各上推尺度 NDVI 影像的均值（"近真值"）的差异可以接受。故所得模型可用于 NDVI 真实性检验中。

5.3　模型构建的最合理尺度层级确定

由 5.2 节描述可知，NDVI 连续空间尺度转换模型构建的最合理尺度层级的确定方法（r、p、rlo 和 rup 四指标评价体系方法）只考虑模型构建的统计学评价指标，未顾及模型在真实性检验中的应用效能评价指标的影响，方法不够精确。针对这些问题，这里继续研究，将结合原有的统计学四指标评价体系，融入真实性检验应用效能评价指标，建立一个基于五指标评价体系、精确而严密的模型构建最合理尺度层级确定方法。

5.3.1　基于五参数指标体系的模型构建的最合理尺度层级确定

由 5.2.1 小节研究可知，NDVI 连续尺度转换模型构建的尺度层级需要甄选确定，但是它所描述的甄选标准带有一定的主观性。以 5.2.1 小节中 ETM+影像为例，其 NDVI 连续尺度转换模型构建的尺度层级最终确定为 Level = 250，但对于 Level = 249 及 Level = 251 的结果却不得而知，自然也不能主观断定这些尺度层级上的模型构建结果不如 Level = 250 的结果理想。面临此种情况，有必要研究更为科学的模型构建的最合理尺度层级确定标准。

由 5.2 节可知，可接受的模型不仅需要满足统计学评价指标 r、p、rlo、rup 的基本要求，而且需要满足模型在 NDVI 真实性检验中应用效能评价的基本条件，即模型计算所得 Error 绝对值的最大值可接受。这里，将 Error 绝对值的最大值定义为 Max_Error，以作为模型是否可适用于 NDVI 真实性检验的评价指标。下面将综合考虑模型构建的评价参数 r、p、rlo、rup、Max_Error，为各参数设立合适的边界条件，以确定模型构建的最合理尺度层级。

依照 5.2.1 节尺度层级的获取方法，可以得到实验影像的 Level = 3、Level = 4、…、Level = 150、Level = 151、…、Level = 299、Level = 300 各个尺度层级。在获得上述影像各尺度层级的条件下，依照流程图 5.1 及相应的分形计算公式对影像进行计算，可以构建 NDVI 连续空间尺度转换模型，以及模型的评价参数 r、p、rlo、rup、Max_Error。对尺度层级–评价参数进行绘图，可得图 5.4。

诚然，当 r 更大、p 更小、Max_Error 更小时，所对应的模型更好。但是若这些条件限制得太过严苛，将限制模型的尺度适用范围，即所得模型虽各项评价指标很好，但其尺度适用范围有限，这将限制其应用效能的发挥。故有必要在满足一定的评价指标条件下，获得尺度适用范围更广的尺度转换模型。分析各评价参数的具体意义，参考经验知识，认为：$r \geqslant 0.8$ 标准可较好地满足模型构建的统计学合理性要求，而 Max_Error < 0.05 标准可较好地满足模型在 NDVI 真实性检验中可适用的要求，其他三个参数的边界条件确定以分形模型构建的统计学一般要求为准。最终，研究中将以 $r \geqslant 0.8$、$p < 0.05$、rlo $\leqslant r \leqslant$ rup 及 Max_Error < 0.05 为标准，从追求模型尺度适用范围更大的角度考虑，进行 NDVI 连续尺度转换模型构建的最合理尺度层级确定。

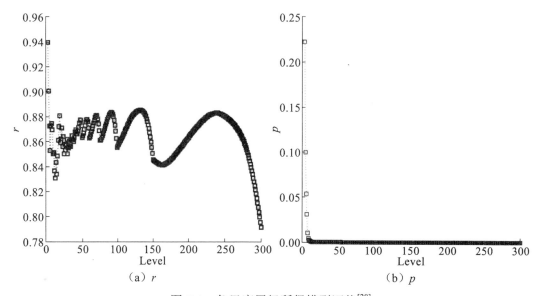

(a) r　　　　　　　　　　　　　　(b) p

图 5.4　各尺度层级所得模型评价[28]

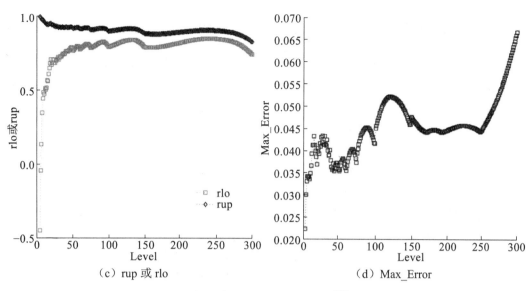

（c）rup 或 rlo　　　　　　　（d）Max_Error

图 5.4　各尺度层级所得模型评价[28]（续）

考察图 5.4 中所有尺度层级下计算所得评价参数 r、p、rlo、rup 及 Max_Error，可确定出沙田半岛 ETM+影像的 NDVI 连续空间尺度转换模型构建的最合理尺度层级 Level = 267[此时 $r = 0.8705$（$r_0 < 0.80$），$p = 1.469 \times 10^{-83}$，rlo = 0.838 0，rup = 0.896 8，Max_Error = 0.049 69]，模型的尺度适用范围为 30～8 010 m。该尺度层级下所得的模型如图 5.5 所示，图 5.5 中横坐标 $\log_2$（1/scale）中的 scale、纵坐标 $\log_2$NDVI 中的 NDVI、D、"基于实际影像"及"基于拟合直线"所代表的含义与图 5.2 中相应的符号含义相同，不同的是：scale = level = 1, 2, …, 267。

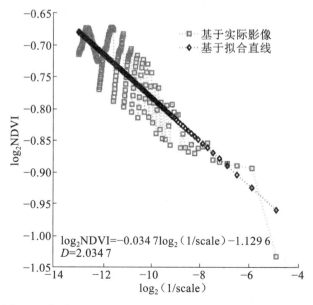

图 5.5　最合理尺度层级下（Level = 267）所得 NDVI 连续尺度转换模型[28]

图 5.5 中分维数 D 比较小，说明 $\log_2 \dfrac{1}{\text{scale}} - \log_2 \text{NDVI}$ 曲线的结构不复杂。

基于上述分析，比较不同尺度层级下所得模型的评价参数，认为选取 Level = 267 尺度层级下所得模型（对应最大尺度为 30×267 m，即 8 010 m）作为最终的模型比较合适。原因是：此时的 r 值为 0.870 5，表明线性拟合程度良好，NDVI 随尺度变化具备典型的分形特征，但非完全自相似分形；p 值为 1.469×10^{-83}，说明计算的 r 值有意义；r 的真实值不足 0.870 5 的概率小于 5%。

为进一步论证在 Level = 267 尺度层级下所建立模型的应用效果，这里对该尺度下所得 NDVI 连续空间尺度转换模型在真实性检验中的适用性进行实验分析。

这里直接引用 5.2.2 小节中所推演出的反映分形模型计算值与各上推尺度影像的"近真值"两者差异的公式 [式（5.8）]。在 Level = 267 条件下，计算各尺度（scale）下的 Error，并对结果进行图形化显示，结果如图 5.6 所示。图 5.6 中，横坐标中 scale 代表各上推尺度，scale = level $\times$ 30 m，level = 1, 2, $\cdots$, 267；纵坐标 Error 为在对应的各上推尺度下模型计算得到的 NDVI 误差比率。

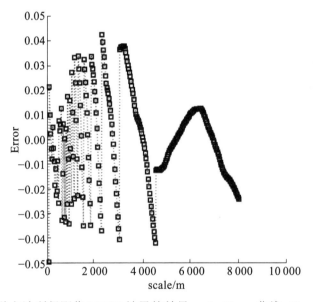

图 5.6　两种方法所得影像 NDVI 结果的差异 scale–Error 曲线（Level = 267）[28]

由图 5.6 可知：在不同上推尺度下，两种方法所得结果差异绝对值 Error 通常不为 0；在 Level = 267（即最大上推尺度为 8 010 m）的条件下，此差异绝对值 Error 的最小值为 $3.630\,8 \times 10^{-5}$（对应于上推尺度 scale = 5 370 m）、最大值为 0.049 7（对应于上推尺度 scale = 30 m），则模型所得结果与各上推尺度 NDVI 影像的均值（"近真值"）的差异可以接受。故所得模型可用于 NDVI 真实性检验中。

综上所述，针对研究区 ETM+ 实验影像，所确定的最合理的 NDVI 连续空间尺度转换模型为 $\log_2 \text{NDVI} = -0.034\,7 \log_2 \dfrac{1}{\text{scale}} - 1.129\,6$，该模型的尺度适用范围为 30～8 010 m。

根据此模型，可实现此尺度范围内研究区上任一 ETM+ 影像分辨率（30 m）整数倍的遥感影像的 NDVI 真实性检验。

上述研究对于 NDVI 的真实性检验具有重要意义：基于所构建的 NDVI 连续空间尺度转换模型，可以建立 NDVI 在（模型尺度适用范围内）小尺度影像（对应于高空间分辨率遥感影像）与任意大尺度影像（对应于低空间分辨率遥感影像）间的转换关系，有利于快速、有效地实现大量不同的低空间分辨率遥感影像的 NDVI 真实性检验。

5.3.2　模型构建的最合理尺度层级取值的动态性分析

在 5.3.1 节中模型构建的最合理尺度层级确定的标准和条件是：以 $r \geqslant 0.8$、$p < 0.05$、rlo $\leqslant r \leqslant$ rup 及 Max_Error < 0.05 为标准，从追求模型尺度适用范围更大的角度考虑，进行模型构建的最合理尺度层级确定。但在实际应用中，根据不同的需求（如追求 NDVI 连续空间尺度转换模型直线拟合的线性程度更高，或者追求模型在真实性检验中应用时的整体误差更小），需要对五参数指标体系的两个最关键的指标 r 取值的下限 lowerlimit(r)（如 5.3.1 小节中所设定的 0.8）、Max_Error 取值的上限 upperlimit(Error)（如 5.3.1 节中所设定的 0.05）做出调整，或者是从追求模型在特定尺度上的真实性检验误差最小的角度考虑，此时模型构建的最合理尺度层级取值将发生动态变化。

这里以 r、Max_Error 两个指标为例，动态调整 lowerlimit(r)、upperlimit(Error) 的取值，同样从追求模型尺度适用范围更大的角度考虑，分析模型构建的最合理尺度层级取值的动态变化。其中，lowerlimit(r) 的取值从 0.8 开始，到 0.95 结束，间隔为 0.01，共 16 个数值；upperlimit(Error) 的取值从 0.05 开始，到 0.005 结束，间隔为 0.005，共 10 个数值。分别计算两个指标变化下的 Level 值，并对结果绘制三维图，可得图 5.7。

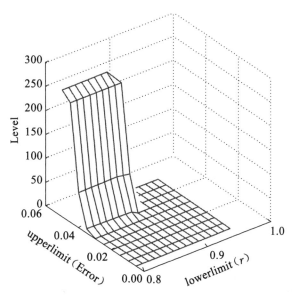

图 5.7　Level 随 lowerlimit(r)值与 upperlimit(Error)值的动态变化图[28]

图 5.7 中所表现出的变化趋势为: ①当 upperlimit(Error)值不变时, 随着 lowerlimit(r)值的增大, 对模型构建时直线拟合线性化程度要求的提高, 模型构建的最合理尺度层级在减小, 意味着所得模型的尺度适用范围在减小, 这符合统计学的基本规律。当 lowerlimit(r)值达到临界值 0.880 0 后(此时 Level = 250), 随着 lowerlimit(r)值的增大, Level 值皆为 0。②当 lowerlimit(r)值不变时, 随着 upperlimit(Error)值的减小, 对模型构建时直线拟合线性化程度要求的提高, 模型构建的最合理尺度层级在减小, 意味着所得模型的尺度适用范围在减小。同样地, 当 upperlimit(Error)值达到临界值 0.035 0 后(此时 Level = 10), 随着 upperlimit(Error)值的增大, Level 值皆为 0。③结合①、②的分析可知, 当 lowerlimit(r)值增大, 同时 upperlimit(Error)值减小时, 模型构建的最合理尺度层级减小的速度更快, 其值迅速达到 0, 并随着 lowerlimit(r)值的持续增大和 upperlimit(Error)值的持续减小保持不变。

为更为细致地分析上述现象, 这里从图 5.7 总的结果中提取 lowerlimit(r) = 0.8 (即 $r \geq 0.8$)、upperlimit(Error)动态变化时的截面图, 如图 5.8 所示; 同样可以从图 5.7 总的结果中提取 upperlimit(Error) = 0.05 (即 Max_Error < 0.05)、lowerlimit(r)动态变化时的截面图, 如图 5.9 所示。

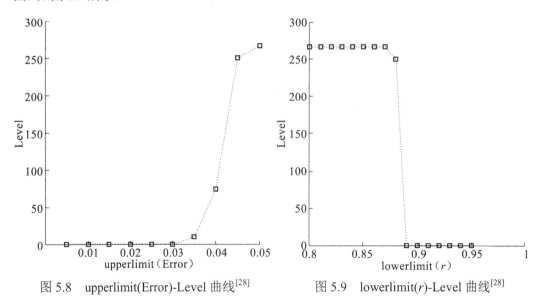

图 5.8 upperlimit(Error)-Level 曲线[28]　　　图 5.9 lowerlimit(r)-Level 曲线[28]

从图 5.8 和图 5.9 中的结果中可以更清晰地理解: 随着 lowerlimit(r)的增大模型构建的 Level 值减小; 随着 upperlimit(Error)的减小模型构建的 Level 值减小。

同样地, 在五参数指标体系阈值确定的条件下, 若从追求模型在特定尺度上的真实性检验误差最小的角度考虑, 此时模型构建的最合理尺度层级取值也将发生动态变化。具体的实施方式为: 将所有尺度层级下构建所得模型的评价参数与五参数指标体系相比较, 筛选得到符合此评价指标体系的所有尺度层级; 进而比较各筛选得到的尺度层级所得模型在特定尺度上的真实性检验误差, 将其中误差最小的模型所对应的尺度层级定义为最合理的尺度层级。限于篇幅, 这里不予详细论述。

这里需要予以说明的是:基于 30 m ETM+地表辐亮度影像可以获得 1 km 地表辐亮度

影像、NDVI 影像,而且此影像均值将比基于模型计算所得的 1 km 尺度 NDVI 影像均值更为精确,直接基于此影像对 1 km 中分辨率成像光谱仪(moderate resolution imaging spectroradiometer,MODIS)的 NDVI 影像进行验证也将更为可靠。但是,基于本篇方法所构建的 NDVI 连续空间尺度转换模型的优势就在于:利用此模型有利于快速、有效地实现不同大尺度(低空间分辨率)NDVI 影像的真实性检验。特别是当从追求模型在特定空间分辨率影像上真实性检验误差最小的角度出发,确定模型构建的最合理尺度层级时,所得模型在该特定空间分辨率影像上的真实性检验误差将十分接近 5.2.2 小节的直接基于上推尺度影像进行检验的误差。此时,模型在 NDVI 真实性检验中的精确性与尺度的广泛适用性将得到充分体现。

综上所述,在五参数指标体系阈值发生变化的条件下,或者当从不同的角度和使用目的考虑时,模型构建的 Level 取值都会发生动态变化。这一研究使本书所提出的基于五参数指标体系的模型构建的最合理尺度层级确定方法更为稳定而严密。

5.4　分析与讨论

5.4.1　NDVI 存在尺度效应的原因分析

5.2 节以分形模型的形式简单、深刻地揭示了 NDVI 尺度效应的存在。进一步,NDVI 存在尺度效应的根本原因可以从三方面进行论述:①像元内部存在 NDVI 的空间变化,ETM+影像的空间分辨率为 30 m,考虑到实验区影像地类分布状况,像元内出现 NDVI 异质性的情况是易实现的;②相邻像元间存在 NDVI 的空间变化是由影像地物呈现不连续分布所造成的,研究区内地类比较丰富,分布不均,容易造成相邻像元间的 NDVI 空间变异;③NDVI 反演模型的非线性所致。其中,①与②两点又可以统一归结为 NDVI 的空间异质性。可以认为,空间异质性是造成 NDVI 尺度效应的根源。

为定量描述实验区 NDVI 空间异质性的存在,采用影像平均空间异质性指数(spatial heterogeneity index, SHI)[29]评价影像的空间异质性。某像元 $f(i, j)$ 空间异质性指数定义为该像元与其八邻域的像素值差的绝对值之和:

$$\text{SHI}_{ij} = \sum_{a=-1}^{1} \sum_{b=-1}^{1} |f(i, j) - f(i+a, j+b)| \tag{5.9}$$

影像大小为 $m \times n$ 的实验区的 SHI 定义为

$$\text{SHI} = \frac{1}{m \cdot n} \sum_{i=1}^{m-1} \sum_{j=1}^{n-1} \text{SHI}_{ij} \tag{5.10}$$

基于式(5.9)和式(5.10),在 Level = 267 的条件下,可计算得到不同上推尺度影像的 SHI,对影像尺度–Mean SHI 数组绘图,可得图 5.10。图 5.10 中,横坐标中 scale 代表各上推尺度,scale = level × 30 m,level = 1, 2,…, 267;纵坐标 Mean SHI 为在对应的各上推尺度下影像的平均空间异质性指数。

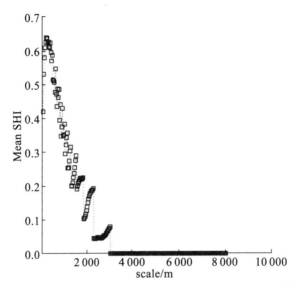

图 5.10　影像尺度–Mean SHI 曲线（Level = 267）[28]

　　若 ETM+影像 NDVI 空间分布均一，不存在异质性，则各上推尺度影像 Mean SHI 相同。分析图 5.10 可知，不同上推尺度影像间 Mean SHI 变化显著，这说明 ETM+影像 NDVI 存在显著的空间异质性。下面对图中的曲线进行深入分析。

　　影像平均异质性指数与地类复杂性及地类的破碎程度密切相关。当地类简单、分布集中时，由于地类分布空间相关性的存在，影像尺度较小时，相邻像元性质相近，像元 SHI 较小，影像的 Mean SHI 较小；影像尺度上推时，相邻、性质相近的像元聚合，上推影像像元间差异增大，像元 SHI 增大，影像的 Mean SHI 增大。当地类复杂、分布破碎，影像尺度较小时，相邻像元性质差异表现显著，像元 SHI 较大，影像的 Mean SHI 较大；影像尺度上推时，相邻、性质相异的像元聚合，上推影像像元间差异弱化，像元 SHI 减小，影像的 Mean SHI 减小。影像主要地类及其尺度决定了影像尺度–Mean SHI 曲线拐点的位置及其所对应的特征尺度。这与通常的，随着尺度上推、空间分辨率的增大，影像空间异质性降低的简单直观认识不相同。结合实验影像的地类分布状况，图 5.10 中曲线先增大后减小的变化趋势符合上述分析，印证了分析的合理性；拐点（Mean SHI = 0.639 3）所对应的特征尺度（180 m）为影像主要地类桉树、陆生天然林等林地斑块的尺度。

5.4.2　对模型在真实性检验中的适用性分析的讨论

　　这里需要对 5.2.2 小节所用的"模型在 NDVI 真实性检验中的适用性分析"方法的可行性进行分析。

　　遥感器探测得到真实的星上 DN 值数据，若该数据经过精确的辐射定标、大气校正及几何校正等预处理过程到达地表，可认为得到的基本地表参量数据（如地表反射率及地表辐亮度）是比较准确的，接近"真值"。然而，若实际操作中预处理过程存在较大的误差，或者预处理后数据经过反演得到感兴趣的、较复杂的地表参量，此时的地表参量数据可能存在较大的误差，需要地表实测数据进行验证。此时的地表实测数据更为接近"真值"。但是，受仪器测量精度及测量范围等条件的限制，地表实测永远无法获得绝对"真值"，即实测中只会获得相对意义上的"真值"，绝对"真值"只存在于理论意义上。尤其是在异质性地表条件下，像元内部不同位置的地物类别等属性相异。受仪器设备自身探测范围及探测精度等能力的制约，特别是对于低分辨率遥感影像，仪器往往只能探测像元内的部分区域。故异质性地表像元参量的真值更多的是理论意义，实际中的测量数据只可能接近于理论"真值"（在遥感影像空间分辨率更高、纯净像元较多的条件下）。

对于异质性地表，尤其是在低分辨率遥感影像上，若以实测所得的像元地表参量值代表整个像元的参量值，将存在较大误差。进一步，若以存在误差的像元实测值代表局部区域内像元的等效参量值，则更加不合理。

上面所述的问题和困难是低分辨率遥感影像反演量真实性检验中的难点，也是进行反演量升尺度转换研究的重要意义之一。当然，尝试解决这一问题也是本篇探索基于分形理论进行定量遥感反演量连续空间尺度转换模型构建研究的目的和意义之一。

5.2.2 小节所述的模型在 NDVI 真实性检验中的适用性分析方法可以接受，原因可以从以下三点进行逐步阐述：

（1）对于一幅遥感影像（如本章的 ETM+影像），其探测得到真实的星上 DN 值影像，该影像经过一系列预处理得到地表辐亮度影像。若预处理过程中辐射定标、大气校正及几何校正等操作精度高，可认为所得地表辐亮度影像是接近真实的。

（2）符合面积加和法则的地表能量参量不存在尺度效应[15]，故可以基于某一传感器（如本章的 ETM+）的地表辐亮度影像得到各个上推尺度的地表辐亮度影像，进而计算得到各上推尺度的 NDVI 影像。基于单一传感器影像获得上推尺度影像的方法在 Zhang 等[15]及 Xu 等[7]的研究中已有使用。不同的是，由于地表反射率存在尺度效应，基于单一传感器地表反射率影像得到各上推尺度的地表反射率影像实现的困难较大，而基于单一传感器地表辐亮度影像获得各上推尺度的地表辐亮度影像实现起来更为直接、有效。可以认为基于单一传感器地表辐亮度影像获得的各上推尺度的地表辐亮度影像、NDVI 影像是接近真实的，可接受的，它们即书中所说的"近真值"。

（3）由分形计算的原理可知，它建立的是各上推尺度 scale 与各上推尺度 NDVI 影像均值的数学关系。进而，若获得了此模型，则可以推导出各上推尺度的 NDVI 影像均值[如式（5.2）、式（5.3）]，实现尺度上推。进而，可基于（2）所述的各上推尺度 NDVI 影像（"近真值"）评价分形模型计算得到的各尺度 NDVI 影像的真实性，实现模型在 NDVI 真实性检验中的适用性分析。

严格地讲，对模型在 NDVI 真实性检验中适用性的验证，是需要利用与分形算法相对独立的数据作为参考而进行的。故书中所进行的 NDVI 连续空间尺度转换模型在真实性检验中的适用性分析只能看作是在理想条件下所进行的理论论证，但这并不影响所得出结论的有效性。在实际应用中，不同尺度传感器影像不具备如本章前面所述的各上推尺度影像那样理想的特性（与作为尺度上推基础的单一传感器影像具有相同的成像参数）。

利用该模型对实际影像进行应用验证时，一个重要前提就是以（作为模型构建基础的）单一传感器影像为基准对待检验影像进行成像参数归一化。此模型的应用验证也是第 7 章的研究内容。

参 考 文 献

[1] BINAYAK P M. Soil hydraulic property estimation using remote sensing: A review[J]. Vadose Zone Journal, 2013, 12(4): 1742-1751.

[2] 李小文, 王祎婷. 定量遥感尺度效应刍议[J]. 地理学报, 2013, 68(9): 1163-1169.

[3] LIANG S L. Numerical experiments on the spatial scaling of land surface albedo and leaf area index[J]. Remote Sensing Reviews, 2000, 19: 225-242.

[4] JIN Z, TIAN Q, CHEN J, et al. Spatial scaling between leaf area index maps of different resolutions[J]. Journal of Environmental Management, 2007, 85: 628-637.

[5] LI X W, WANG J D, STRAHLER A H. Scale effect of Planck's law over nonisothermal blackbody surface[J]. Science in China Series E: Technological Sciences, 1999, 42: 652-656.

[6] WEN J G, LIU Q, LIU Q H, et al. Scale effect and scale correction of land-surface albedo in rugged terrain[J]. International Journal of Remote Sensing, 2009, 30: 5397-5420.

[7] XU X R, FAN W J, TAO X. The spatial scaling effect of continuous canopy leaves area index retrieved by remote sensing[J]. Science in China Series D: Earth Sciences, 2009, 52: 393-401.

[8] ZHANG X, YAN G, LI Q, et al. Evaluating the fraction of vegetation cover based on NDVI spatial scale correction model[J]. International Journal of Remote Sensing, 2006, 27: 5359-5372.

[9] LIANG L, SCHWARTZ M D, FEI S L. Validating satellite phenology through intensive ground observation and landscape scaling in a mixed seasonal forest[J]. Remote Sensing of Environment, 2011, 115(1): 143-157.

[10] HILKER T, HALL F G, COOPS N C, et al. Remote sensing of photosynthetic light-use efficiency across two forested biomes: Spatial scaling[J]. Remote Sensing of Environment, 2010, 114(12): 2863-2874.

[11] NAGLER P L, BROWN T, HULTINE K R, et al. Regional scale impacts of Tamarix leaf beetles (Diorhabda carinulata) on the water availability of western U.S. rivers as determined by multi-scale remote sensing methods[J]. Remote Sensing of Environment, 2012, 118: 227-240.

[12] CHASMER L, BARR A, HOPKINSON C, et al. Scaling and assessment of GPP from MODIS using a combination of airborne lidar and eddy covariance measurements over jack pine forests[J]. Remote Sensing of Environment, 2009, 113: 82-93.

[13] 陈颙, 陈凌. 分形几何学[M]. 2 版. 北京: 地震出版社, 2005.

[14] 徐希孺. 遥感物理[M]. 北京: 北京大学出版社, 2005: 13-14.

[15] ZHANG R H, TIAN J, LI Z L, et al. Principles and methods for the validation of quantitative remote sensing products[J]. Science in China Series D: Earth Sciences, 2010, 53: 741-751.

[16] 刘良云. 叶面积指数遥感尺度效应与尺度纠正[J]. 遥感学报, 2014,18(6): 1158-1168.

[17] FLANAGAN L B, SHARP E J, GAMON J A. Application of the photosynthetic light-use efficiency model in a northern Great Plains grassland[J].Remote Sensing of Environment, 2015,168: 239-251.

[18] JU J C, MASEK J G. The vegetation greenness trend in Canada and US Alaska from 1984–2012 Landsat data[J]. Remote Sensing of Environment, 2016, 176: 1-16.

[19] GU Y X, WYLIE B K. Developing a 30-m grassland productivity estimation map for central Nebraska

using 250-m MODIS and 30-m Landsat-8 observations[J]. Remote Sensing of Environment, 2015, 171: 291-298.

[20] BALZAROLO M, VICCA S, NGUY-ROBERTSON A L, et al. Matching the phenology of net ecosystem exchange and vegetation indices estimated with MODIS and FLUXNET in-situ observations[J]. Remote Sensing of Environment, 2016, 174: 290-300.

[21] MANDELBROT B B. Self-Affine Fractal Sets[M]. PIETRONERO L, TOSATTI E, eds. Fractals in physics. Amsterdam: North-Holland, 1986: 3-28.

[22] EDGAR G A. Measures, Topology and Fractal Geometry[M]. New York: Springer-Verlag, 1990.

[23] MANDELBROT B B. How long is the coast of Britain? Statistical self-similarity and fractional dimension[J]. Science, 1967, 155: 636-638.

[24] 栾海军, 田庆久, 余涛, 等. 基于分形理论的 NDVI 连续空间尺度转换模型研究[J]. 光谱学与光谱分析, 2013, 33(7): 1857-1862.

[25] ZHANG R H, TIAN J, LI Z L, et al. Spatial scaling and information fractal dimension of surface parameters used in quantitative remote sensing[J]. International Journal of Remote Sensing, 2008, 29: 5145-5159.

[26] ZHANG R H, SU H B, TIAN J, et al. Information fractal in the scaling of quantitative remote sensing products[C]. IEEE International Conference on Geoscience and Remote Sensing Symposium Proceedings. New York, IEEE, 2010: 1043-1046.

[27] LIANG S L, FANG H L, CHEN M Z, et al. Validating MODIS land surface reflectance and albedo products: Methods and preliminary results[J]. Remote Sensing of Environment, 2002, 83: 149-162.

[28] 栾海军, 田庆久, 余涛, 等. 根据分形理论与五指标评价体系构建 NDVI 连续空间尺度转换模型[J]. 遥感学报, 2015, 19(1): 116-125.

[29] 张雪红. 基于高分辨率遥感的桉树林空间异质性与尺度效应研究[D]. 南京: 南京大学, 2012.

第 6 章　遥感影像特性对模型构建最合理尺度层级的影响

　　NDVI 连续尺度转换模型构建的最合理尺度层级（Level）确定后，模型的尺度适用范围随之确定。Level 值与遥感影像的覆盖范围、空间分辨率、成像质量等特性密切相关，由这些特性参数共同决定。随之而来的问题是遥感影像的这些特性对模型构建的最合理尺度层级的影响特性是什么，这是本章重点研究的内容。需要交代：这里仍是在满足五参数指标体系的条件下，从追求模型尺度适用范围更大的角度出发，将尺度适用范围最大的模型所对应的尺度层级定义为最合理尺度层级。

　　为了探讨上述三种影像特性的影响特性，首先需要获得可以反映这些特性差异的遥感影像。通过比较这些遥感影像的 NDVI 连续尺度转换模型的差异，分析各特性的影响机理。这里将综合利用 4.3 节预处理所得的沙田半岛四幅遥感影像（两幅 ETM+影像、一幅 GEOEYE-1 影像及一幅 HJ-1 影像）。同时，为区别其中的两幅 ETM+影像，将范围较大的影像（400 像元×300 像元）称为 ETM+影像（覆盖范围大），而将基于 GEOEYE-1 影像截取的范围较小的影像（272 像元×200 像元）称为 ETM+影像（覆盖范围小）。选取这些数据的原因是：它们可以包含不同的覆盖范围[ETM+影像（覆盖范围大）与 ETM+影像（覆盖范围小）]、不同的空间分辨率（2 m GEOEYE-1 影像与 30 m ETM+影像）、不同的成像质量（如相同空间分辨率的 ETM+影像与 HJ-1 影像成像质量不同），故这些影像符合研究的要求。

在第 5 章进行 NDVI 连续尺度转换模型构建的最合理尺度层级确定时，在 $r \geqslant 0.8$、$p < 0.05$、$rlo \leqslant r \leqslant rup$ 及 Max_Error < 0.05 的评价标准中，$p < 0.05$ 与 $rlo \leqslant r \leqslant rup$ 属于分形统计计算的通用标准，无须进行细致分析；而 $r \geqslant 0.8$ 与 Max_Error < 0.05 的标准是由本篇研究设定的，可做进一步讨论。其中，设定 Max_Error < 0.05 标准的目的在于控制所构建模型的误差，保障其可以应用于 NDVI 的真实性检验中。通过第 5 章基于 ETM+ 影像所构建的模型在 NDVI 真实性检验中的适用性分析的实例，我们对这一参数设定的价值和数值有了较清晰的认识。这里我们将对 $r \geqslant 0.8$ 标准设定的价值做进一步的补充分析。研究中将通过另外一条思路确定模型构建的最合理的尺度层级：首先基于 r、p、rlo、rup 四个评价参数来选择模型构建的最合理尺度层级，然后通过 Max_Error < 0.05 标准对所确定的尺度层级进行评定，并最终确定模型构建的最合理尺度层级。这一思路与第 5 章同时基于 r、p、rlo、rup、Max_Error 5 个评价参数确定其最合理尺度层级的方法具有相同的效果，但这一思路可以让我们对 $r \geqslant 0.8$ 标准设定的原因和价值有更深刻的认识。

此外，对于相同地区同一类型的传感器影像而言，其上述三种遥感特性是确定的，但在时相发生变化时，基于影像所构建的 NDVI 连续尺度转换模型仍会发生变化。本章最后将就时相特性对此模型构建的影响进行一定的讨论。

6.1　覆盖范围影响特性分析

为了探讨覆盖范围的影响特性，需要计算 ETM+ 影像（覆盖范围大）与 ETM+ 影像（覆盖范围小）所得 NDVI 连续尺度转换模型，进而比较模型差异，分析该因素的影响效果。ETM+ 影像（覆盖范围大）的 NDVI 连续尺度转换模型在第 5 章已经构建得到，下面需要针对 ETM+ 影像（覆盖范围小）进行模型构建。

6.1.1　ETM+影像的 NDVI 连续尺度转换模型构建

1. NDVI 连续空间尺度转换模型构建

这里继续利用 5.1 节中的模型构建方法。

基于如图 4.9 所示的 ETM+ 地表辐亮度影像，以 30 m 分辨率 ETM+ 多光谱影像为尺度的第一层级（Level=1），令空间分辨率以等差数列的形式递增（公差为 30 m，即 ETM+ 影像的尺度），则可依次得到 30×2 m、30×3 m、…、30×11 m、30×12 m、…、30×19 m、30×20 m 的空间分辨率，这些分辨率分别对应于尺度的第 2 层级（level=2）、第 3 层级（level=3）、…、第 11 层级（level=11）、第 12 层级（level=12）、…、第 19 层级（level=19）、第 20 层级（level=20）。此时总的尺度层级 Level=20。依照此方法，可以得到 Level=3、Level=4、…、Level=99、Level=100、…、Level=199、Level=200 各个尺度层级。

在获得各尺度层级 Level 的条件下，依照流程图 5.1 及相应的分形计算公式对影像进行计算，可以构建 NDVI 连续空间尺度转换模型，以及该模型的评价参数 r、p、rlo、rup。对尺度层级–评价参数进行绘图，可得图 6.1。

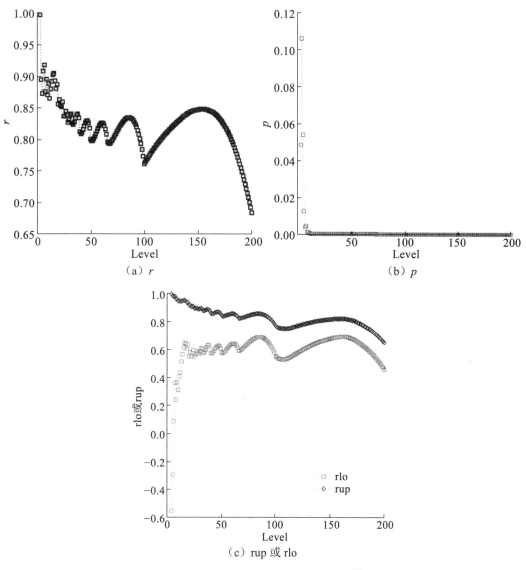

图 6.1　各尺度层级所得模型评价[1]

对评价参数结果进行分析。r、p、rlo、rup 各参数的含义同上。在 p、rlo、rup 满足要求的条件下，首先以 r 值为判断指标，将最大 r 值所对应的尺度层级确定为最佳尺度层级。图 6.1 计算结果中，当 Level ≥ 6 时，各尺度层级下 p ≥ 0.012 4，符合要求，此时，rlo、rup 也满足要求，则依照上述标准，在 r = 0.917 2（此时，尺度层级–评价参数可进行一元线性拟合的相关系数最小值 r_0 = 0.874），即 Level = 7 时的尺度层级为最佳尺度层级。此尺度层级下所得模型如图 6.2 所示，图 6.2 中横坐标 $\log_2(1/\text{scale})$ 中的 scale、纵坐标 $\log_2$ NDVI 中的 NDVI、D、"基于实际影像"及"基于拟合直线"所代表的含义与图 5.2 中相应符号的含义相同，不同的是：scale = level = 1, 2,…, 7。

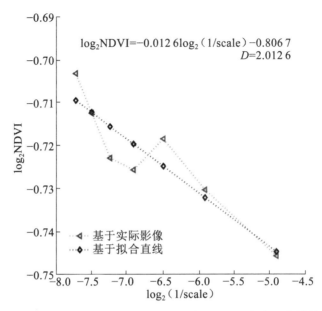

图 6.2　最佳尺度层级（Level = 7）下所得 NDVI 连续尺度转换模型[1]

分析图 6.2 可知：最佳尺度层级下所得模型虽对应于最大 r 值，但是模型的尺度适用范围却很小（这里为 30~210 m），这限制了模型适用的遥感影像尺度范围。故在 p、rlo、rup 符合要求的条件下，仅以 r 值作为最佳尺度层级确定的唯一指标不甚合理。下面将在满足 r 值足够高（≥0.8）的前提下，以尽可能广的尺度适用范围选取分形计算的最合理尺度层级。考察所有尺度层级下计算所得 r，可确定出最合理尺度层级为 181（此时 $r = 0.8001$，$r_0 < 0.80$），即模型的尺度适用范围为 30~5 430 m。该尺度层级下所得模型如图 6.3 所示，图 6.3 中横坐标 $\log_2(1/\text{scale})$ 中的 scale、纵坐标 $\log_2 \text{NDVI}$ 中的 NDVI、D、"基于实际影像"及"基于拟合直线"所代表的含义与图 5.2 中相应的符号含义相同，不同的是：scale = level = 1, 2,…, 181。

图 6.3 中分维数 D 比较小，说明 $\log_2\dfrac{1}{\text{scale}} - \log_2 \text{NDVI}$ 曲线的结构不复杂。

基于上述分析，比较不同尺度层级下所得模型的评价参数，认为选取 Level = 181（对应最大尺度为 30×181 m，即 5 430 m）时的计算结果作为最终的分形计算结果比较合适。原因是：此时的 r 值为 0.800 1，表明线性拟合程度良好，NDVI 随尺度变化具备典型的分形特征，但非完全自相似分形；p 值为 1.37×10^{-41}，说明计算的 r 值有意义；r 的真实值不足 0.800 1 的概率小于 5%。故所确定的 NDVI 连续空间尺度转换模型为 $\log_2 \text{NDVI} = -0.0211 \log_2\dfrac{1}{\text{scale}} - 0.867 5$。根据此模型，给出适用尺度范围（30~5 430 m）内任一 scale 值，即可得到上推尺度影像的 NDVI 均值。

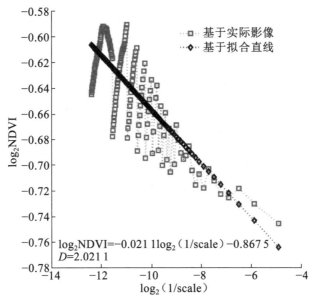

图 6.3　最合理尺度层级（Level = 181）下所得 NDVI 连续尺度转换模型[1]

2. 模型在 NDVI 真实性检验中的适用性分析

同样需要对此模型在真实性检验中的适用性进行实验分析。直接引用 5.2.2 节中所推演出的反映分形模型计算值与各上推尺度影像"近真值"两者差异的公式[式（5.8）]，在 Level = 181 条件下计算各尺度（scale）下的 Error，并对结果进行图形化显示，结果如图 6.4 所示。图 6.4 中，横坐标中 scale 代表各上推尺度，scale = level×30 m，level = 1, 2,···,181；纵坐标 Error 为在对应的各上推尺度下模型计算得到的 NDVI 误差占比。

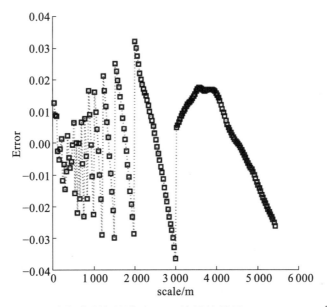

图 6.4　两种方法所得影像 NDVI 结果的差异（Level = 181）[1]

由图 6.4 可知：在不同上推尺度下，两种方法所得结果差异绝对值 Error 通常不为 0；在 Level = 181（即最大上推尺度为 5 430 m）的条件下，此差异绝对值 Error 的最小值为 $1.321\,7\times10^{-5}$（对应于上推尺度 scale = 630 m）、最大值为 0.023 7（对应于上推尺度 scale = 3 000 m），则模型所得结果与各上推尺度 NDVI 影像的均值（"近真值"）的差异可以接受。故所得模型可用于 NDVI 真实性检验中。

3．NDVI 存在尺度效应的原因分析

1、2 两部分以分形模型的形式简单、深刻地揭示了 NDVI 尺度效应的存在。进一步，NDVI 存在尺度效应的根本原因同 5.4.1 小节中的分析。下面将对 NDVI 的空间异质性进行重点分析。

同样采用影像平均空间异质性指数作为指标进行分析。

基于式（5.10），在 Level = 181 的条件下，可计算得到不同上推尺度影像的 SHI，对影像尺度–SHI 数组绘图，可得图 6.5。图 6.5 中，横坐标中 scale 代表各上推尺度，scale = level ×30 m，level = 1, 2,…, 181；纵坐标 Mean SHI 为在对应的各上推尺度下影像的平均空间异质性指数。

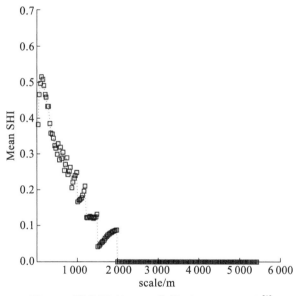

图 6.5　影像尺度–SHI 曲线（Level = 181）[1]

若 ETM+影像 NDVI 空间分布均一，不存在异质性，则各上推尺度影像 SHI 相同。分析图 6.5 可知，不同上推尺度影像间 SHI 变化显著，这说明 ETM+影像 NDVI 存在显著的空间异质性。下面对图中的曲线进行深入分析。

影像平均空间异质性指数与地类复杂性及地类的破碎程度间的密切关系在上述章节已进行论述。结合实验影像的地类分布状况，图 6.5 中曲线先增大后减小的变化趋势符合上述分析，印证了分析的合理性；拐点（Mean SHI = 0.513 4）所对应的特征尺度（120 m）为影像主要地类桉树、陆生天然林等林地斑块的尺度。

6.1.2　影响特性分析

以影像平均 SHI、最合理模型、分维数、模型尺度适用范围、误差范围等属性作为指标，比较不同范围相近下垫面下 ETM+影像所得的 NDVI 连续尺度转换模型，如表 6.1 所示，以分析覆盖范围的影响特性。

表 6.1　ETM+影像（覆盖范围大）与 ETM+影像（覆盖范围小）所得 NDVI 连续尺度转换模型比较[1]

指标 影像	影像 Meam SHI	最合理模型	分维数	模型尺度适用范围/m	误差范围
ETM+影像 （覆盖范围大）	0.420 0	$\log_2 \text{NDVI} = -0.034\,7\log_2\dfrac{1}{\text{scale}} - 1.129\,6$	2.034 7	30～8 010	$3.630\,8\times10^{-5}$ ～0.049 7
ETM+影像 （覆盖范围小）	0.382 3	$\log_2 \text{NDVI} = -0.021\,1\log_2\dfrac{1}{\text{scale}} - 0.867\,5$	2.021 1	30～5 430	$1.321\,7\times10^{-5}$ ～0.023 7

首先对沙田半岛的地物分布进行分析：地类丰富，研究区内桉树等林类（桉树、陆生天然林、红树林）面积占优，农田（木薯、水稻）分布广泛，诸多人工设施（城镇、居民区及公路等）及水体（海水、水库、池塘及养殖水体等）等分布其间，区域内地物异质性更为显著。在此基础上，对表 6.1 进行分析：

（1）在同一研究区内，ETM+影像（覆盖范围大）可以包含更多的地类，其下垫面空间异质性更为显著一些，NDVI 影像的整体异质性更强一些，这可由两幅 NDVI 影像的平均 SHI 大小比较看出[Mean SHI$_{\text{ETM+影像（覆盖范围大）}}$＞Mean SHI$_{\text{ETM+影像（覆盖范围小）}}$]，故 ETM+影像（覆盖范围大）所得 NDVI 最合理尺度转换模型曲线较 ETM+影像（覆盖范围小）所得曲线结构更复杂，前者的分维数大于后者。

（2）ETM+影像（覆盖范围大）较 ETM+影像（覆盖范围小）覆盖范围更广阔，下垫面空间异质性更显著[Mean SHI$_{\text{ETM+影像（覆盖范围大）}}$＞Mean SHI$_{\text{ETM+影像（覆盖范围小）}}$]，包含信息更丰富；基于 ETM+影像（覆盖范围大）可以获取更多的、有效的 NDVI 上推尺度影像。充足、有效的各尺度 NDVI 影像样本是建立 NDVI 尺度转换统计分形模型的基础，故基于前者影像所得的 NDVI 尺度转换模型尺度适用范围大于后者影像所得（8 010 m＞5 430 m）。

（3）模型的误差范围方面，基于 ETM+影像（覆盖范围小）所得模型较 ETM+影像（覆盖范围大）所得模型整体误差更小，其最小误差与最大误差皆小于后者。这主要是由基于 ETM+影像（覆盖范围大）构建最合理模型的统计样本数量大于基于 ETM+影像（覆盖范围小）的数量造成的。当统计样本更大时，不易获得拟合程度更好的拟合直线，所得拟合直线的模拟值与真实值的整体差异容易更大。但 ETM+影像（覆盖范围大）所得模型最大误差 Max_Error 为 4.97%，该模型可以接受。

综上所述，认为：对同一类型传感器影像，当下垫面状况相近时，与覆盖范围小、下垫面空间异质性低的遥感影像相比，覆盖范围更大、下垫面空间异质性更高的遥感影像可以获得 Level 更大、尺度适用范围更大的 NDVI 连续尺度转换模型。

6.2　空间分辨率影响特性分析

为了探讨空间分辨率的影响特性，需要计算相同覆盖范围下的沙田半岛 GEOEYE-1 影像与 ETM+影像（覆盖范围小）所得 NDVI 连续尺度转换模型，进而比较模型差异，分析空间分辨率因素的影响效果。6.1 节已经构建得到 ETM+影像（覆盖范围小）的 NDVI 连续尺度转换模型，下面需要针对 GEOEYE-1 影像进行模型构建。

6.2.1　GEOEYE-1 影像的 NDVI 连续尺度转换模型构建

尺度效应是定量遥感领域一个重要而基础的科学问题。该问题的解决对于定量遥感理论体系发展及应用具有重要意义。尺度效应的解决方法为尺度转换。学者从统计方法[2-3]及物理模型[4-10]两方面，对反演量的尺度效应及其在生态学、水文学等领域的应用[11-14]进行深入研究与探索。

已有的尺度转换研究取得了重要成果，但其总体上仍面临涉及的空间分辨率离散、有限及传感器间成像参数多元归一化的干扰等问题。Li 等[4]及徐希孺[15]提倡利用分形理论的数学方法解决定量遥感中尺度转换等重要问题，Zhang 等[16]实践了这一方法，其基于分形方法讨论了 LAI 的连续尺度转换模型的构建。Zhang 等的研究中存在部分问题：①实验对象选择不甚适当；②未对所构建模型在真实性检验中的适用性进行分析。针对这些问题，栾海军等[17]利用 ETM+影像，以归一化差分植被指数（NDVI，且利用其地表辐亮度计算模型）为研究对象，通过实验证明了：①基于分形理论可构建 NDVI 的连续空间尺度转换模型；②所构建分形模型可应用于真实性检验中。

然而，栾海军等[17]的研究仍存在部分重要问题有待解决：①ETM+影像属于中空间分辨率数据，以此作为底图进行真实性检验，对于底图自身的高精度实测验证仍有一定的困难；②所利用的 ETM+影像存在坏条带，导致约 25%的影像信息量的丢失，条带补偿算法虽然可以部分降低影像信息量的损失，但无法完全克服影像失真，这造成实验结果存在一定的误差。GEOEYE-1 传感器是目前高空间分辨率传感器的重要代表之一，它拥有目前商用遥感卫星中最高的空间分辨率（全色影像为 0.5 m，多光谱影像为 2 m）。由于该传感器可获取精确的几何定位信息和辐射信息，已在地表重点目标识别、变化监测等众多领域得到广泛应用。故本篇将以 GEOEYE-1 多光谱影像为例，以 NDVI 为研究对象，继续就基于分形理论利用高空间分辨率遥感影像构建反演量连续空间尺度转换模型进行研究。

1. NDVI 连续空间尺度转换模型构建

这里继续利用 5.1 节中的模型构建方法。

基于如图 4.5 所示的 GEOEYE-1 地表辐亮度影像，以 2 m 分辨率 GEOEYE-1 多光谱影像为尺度的第一层级（level = 1），令空间分辨率以等差数列的形式递增（公差为 2 m，即 GEOEYE-1 影像的尺度），则可依次得到 2×2 m、2×3 m、…、2×11 m、2×12 m、…、2×19 m、2×20 m 的空间分辨率，这些分辨率分别对应于尺度的第 2 层级（level＝2）、第 3 层级（level＝3）、…、第 11 层级（level＝11）、第 12 层级（level＝12）、…、第 19 层级（level＝19）、第 20 层级（level＝20）。此时总的尺度层级 Level＝20。依照此方法，可以得到 Level＝3、Level＝4、…、Level＝2 001、Level＝2 002、…、Level＝3 035、Level＝3 036 各个尺度层级。

在获得各尺度层级 Level 的条件下，依照流程图 5.1 及相应的分形计算公式对影像进行计算，可以构建 NDVI 连续空间尺度转换模型，以及模型的评价参数 r、p、rlo、rup。对尺度层级–评价参数进行绘图，可得图 6.6。

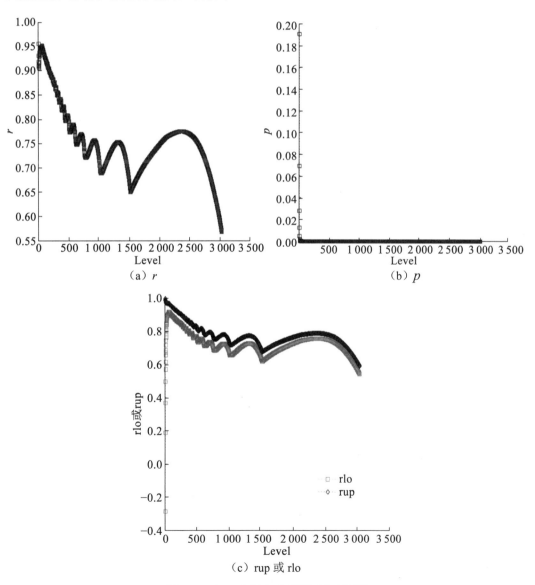

图 6.6　各尺度层级所得模型评价[18]

对图 6.6 中评价参数结果进行分析。r、p、rlo、rup 各参数的意义在 5.2.1 小节中已做出详细说明，此处不予赘述。在 p、rlo、rup 满足要求的条件下，首先以 r 值为判断指标，将最大 r 值所对应的尺度层级确定为最佳尺度层级。图 6.6 计算结果中，当 Level≥5 时，各尺度层级下 p≥0.027 8，符合要求，此时，rlo、rup 也满足要求，则依照上述标准，在 $r=0.951\ 5$（此时，尺度层级–评价参数可进行一元线性拟合的相关系数最小值 $r_0<0.80$），即 Level = 60 时的尺度层级为最佳尺度层级。此尺度层级下所得模型如图 6.7 所示，图 6.7 中横坐标 $\log_2(1/scale)$ 中的 scale、纵坐标 $\log_2NDVI$ 中的 NDVI、D、"基于实际影像"及"基于拟合直线"所代表的含义与图 5.2 中相应符号的含义相同，不同的是：scale = level = 1，2，…，60。

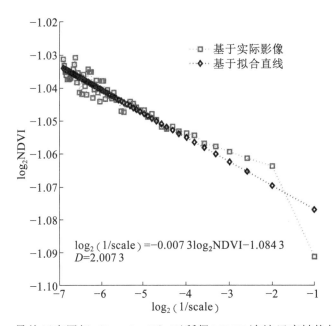

图 6.7　最佳尺度层级（Level = 60）下所得 NDVI 连续尺度转换模型[18]

分析图 6.7 可知：最佳尺度层级下所得模型虽对应于最大 r 值，但是模型的尺度适用范围却很小（这里为 2～120 m），这限制了模型适用的遥感影像尺度范围。故在 p、rlo、rup 符合要求的条件下，仅以 r 值作为最佳尺度层级确定的唯一指标不甚合理。下面将在满足 r 值足够高（≥0.8）的前提下，以尽可能广的尺度适用范围选取分形计算的最合理尺度层级。考察所有尺度层级下计算所得 r，可确定出最合理尺度层级为 495（此时 $r=0.800\ 6$，$r_0<0.80$），即模型的尺度适用范围为 2～990 m。该尺度层级下所得的模型如图 6.8 所示，图 6.8 中横坐标 $\log_2(1/scale)$ 中的 scale、纵坐标 $\log_2NDVI$ 中的 NDVI、D、"基于实际影像"及"基于拟合直线"所代表的含义与图 5.2 中相应符号的含义相同，不同的是：scale = level = 1，2，…，495。

图 6.8 中分维数 D 比较小，说明 $\log_2\dfrac{1}{scale}$–$\log_2$ NDVI 曲线的结构不复杂。

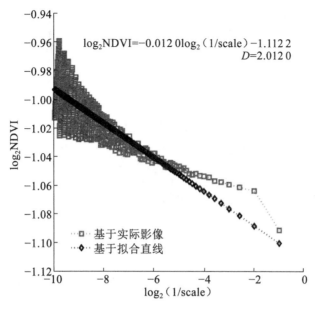

图 6.8　最合理尺度层级（Level = 495）下所得 NDVI 连续尺度转换模型[18]

基于上述分析，比较不同尺度层级下所得模型的评价参数，认为选取 Level = 495（对应最大尺度为 2×495 m，即 990 m）时的计算结果作为最终的分形计算结果比较合适。原因是：此时的 r 值为 0.800 6，表明线性拟合程度良好，NDVI 随尺度变化具备典型的分形特征，但非完全自相似分形；p 值为 9.94×10^{-112}，说明计算的 r 值有意义；r 的真实值不足 0.800 6 的概率小于 5%。故所确定的 NDVI 连续空间尺度转换模型为 $\log_2 \text{NDVI} = -0.012\,0\,\log_2 \dfrac{1}{\text{scale}} - 1.112\,2$。根据此模型，给出适用尺度范围（2~990 m）内任一 scale 值，即可得到上推尺度影像的 NDVI 均值。

2. 模型在 NDVI 真实性检验中的适用性分析

为了论证基于高空间分辨率遥感影像所构建的 NDVI 连续尺度转换模型在真实性检验中的适用性，需要进行实验分析。

这里将直接引用 5.2.2 小节中所推演出的反映分形模型计算值与各上推尺度影像"近真值"两者差异的公式[式（5.8）]。在 Level = 495 条件下，计算各尺度（scale）下的 Error，并对结果进行图形化显示，结果如图 6.9 所示。图 6.9 中，横坐标中 scale 代表各上推尺度，scale = level×2 m，level = 1, 2,···, 495；纵坐标 Error 为在对应的各上推尺度下模型计算得到的 NDVI 误差占比。

由图 6.9 可知：在不同上推尺度下，两种方法所得结果差异绝对值 Error 通常不为 0；在 Level = 495（即最大上推尺度为 990 m）的条件下，此差异绝对值 Error 的最小值为 1.069 7×10^{-5}（对应于上推尺度 scale = 448 m）、最大值为 0.012 7（对应于上推尺度 scale = 868 m），则模型所得结果与各上推尺度 NDVI 影像的均值（"近真值"）的差异可以接受。故所得模型可用于 NDVI 真实性检验中。

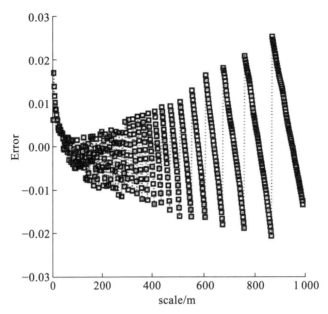

图 6.9   两种方法所得影像 NDVI 结果的差异 scale–Error 曲线（Level = 495）[18]

NDVI 连续尺度转换模型在真实性检验中的应用流程描述如图 6.10 所示。

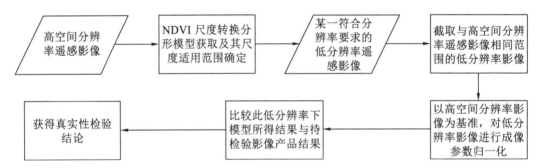

图 6.10   NDVI 连续尺度转换模型在真实性检验中的应用流程[18]

上述流程已阐述得比较清晰，这里不做多余分析。由此流程可知，反演量尺度转换分形模型在真实性检验中的重要价值就是利用其推进实施的自动化与智能化，加强定量反演产品获取、验证及应用的整体过程的科学性和系统性，促进反演产品的深入而广泛的应用。

由上述实验及分析可知：基于 GEOEYE-1 影像所构建的 NDVI 连续尺度转换模型同样适用于 NDVI 的真实性检验，这说明该尺度转换方法适用于高空间分辨率遥感影像。

3. NDVI 存在尺度效应的原因分析

1、2 两部分以分形模型的形式简单、深刻地揭示了 NDVI 尺度效应的存在。进一步，NDVI 存在尺度效应的根本原因可以从三方面进行论述：①像元内部存在 NDVI 的空间变化，GEOEYE-1 多光谱影像的空间分辨率为 2 m，较 30 m ETM+影像，该影像像元内部更为纯净,像元内出现 NDVI 异质性的现象不显著;②相邻像元间存在 NDVI 的空间变化是由影像地物呈现不连续分布所造成的,研究区内存在多种地类,其分布存在一定程度的不均一性,相邻像元间 NDVI 异质的现象较为显著;③NDVI 反演模型的非线性 NDVI 与红色波段、近红外波段地表反射率均呈非线性,NDVI 模型的非线性是导致其存在尺度效应的另一个重要因素。其中,①与②两点又可以统一归结为 NDVI 的空间异质性。可以认为,空间异质性是尺度效应产生的根源。下面将对这一属性进行重点分析。

这里同样采用影像 Mean SHI 作为指标进行分析。基于式（5.10）,在 Level = 495 的条件下,可计算得到不同上推尺度影像的 SHI,对影像尺度–Mean SHI 数组绘图,可得图 6.11。图 6.11 中,横坐标中 scale 代表各上推尺度,scale = level × 2 m, level = 1, 2, ···, 495;纵坐标 Mean SHI 为在对应的各上推尺度下影像的平均空间异质性指数。

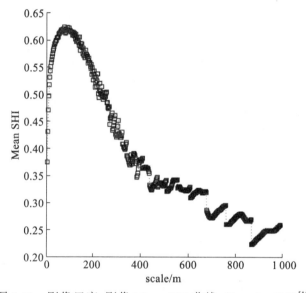

图 6.11　影像尺度–影像 Mean SHI 曲线（Level = 495）[18]

若 GEOEYE-1 影像 NDVI 空间分布均一,不存在异质性,则各上推尺度影像 Mean SHI 相同。分析图 6.11 可知,不同上推尺度影像间 Mean SHI 变化显著,这说明 GEOEYE-1 影像 NDVI 存在显著的空间异质性。下面对图中的曲线进行深入分析。

影像平均空间异质性指数与地类复杂性及地类的破碎程度间的密切关系在 5.4.1 小节已进行详细论述。在本实验区内,GEOEYE-1 影像属于高空间分辨率数据,当尺度逐渐增大时,由于桉树及红树林面积广阔且分布集中,相对均一的纯像元（2 m）聚合为混合像元,上推尺度影像像元间性质差异增大,像元的空间异质性指数增大,影像平均空间异质性指数增大。随着尺度继续增大,混合像元的增多将削弱影像地类简单、分布集中的特性,影像地类复杂、分布破碎特性增强,根据上述分析可知,影像 Mean SHI 减小。故图 6.11 中曲线先增大后减小的变化趋势符合上述分析,印证了分析的合理性;拐点（Mean SHI = 0.624 3）所对应的特征尺度（74 m）为影像主要地类桉树、陆生天然林及红树林等林地斑块的尺度。

6.2.2　影响特性分析

同样，以影像平均 SHI、最合理模型、分维数、模型尺度适用范围、误差范围等属性作为指标，比较 GEOEYE-1 影像与 ETM+影像（覆盖范围小）所得 NDVI 连续尺度转换模型，如表 6.2 所示，以分析空间分辨率的影响特性。

表 6.2　GEOEYE-1 影像与 ETM+影像（覆盖范围小）所得 NDVI 连续尺度转换模型比较[1]

影像	指标				
	影像 Mean SHI	最合理模型	分维数	模型尺度适用范围/m	误差范围
GEOEYE-1 影像	0.374 6	$\log_2 \text{NDVI} = -0.012\,0\log_2\dfrac{1}{\text{scale}} - 1.112\,2$	2.012 0	2～990	$1.067\,9\times10^{-5}$ ～0.012 7
ETM+影像（覆盖范围小）	0.382 3	$\log_2 \text{NDVI} = -0.021\,1\log_2\dfrac{1}{\text{scale}} - 0.867\,5$	2.021 1	30～5 430	$1.321\,7\times10^{-5}$ ～0.023 7

对表 6.2 中两幅影像所得模型分析如下：

（1）GEOEYE-1 影像较 ETM+影像（覆盖范围小）：前者的分维数小于后面两幅影像，说明 ETM+影像（覆盖范围小）所得 NDVI 最合理尺度转换模型曲线较沙田半岛的 GEOEYE-1 影像所得曲线结构更复杂。其原因与 6.1.2 节中分析（1）相同，即对于 2 m 分辨率的 GEOEYE-1 NDVI 影像，成像更精细，影像内包含更多的纯净像元，且像元分布相对集中，影像整体异质性程度较低；当在一定范围内进行（地表辐亮度影像）尺度上推时，得到如 ETM+30 m 分辨率地表辐亮度及 NDVI 影像的过程，可理解为高分辨率像元聚合，同质像元合并，影像混合像元增多，像元分布趋于破碎、分散，NDVI 影像整体异质性程度增大[这可以体现于两幅 NDVI 影像平均 SHI 的比较：Mean SHI$_{\text{ETM+影像（覆盖范围小）}}$＞Mean SHI$_{\text{GEOEYE-1 影像}}$]，故 ETM+影像（覆盖范围小）所得 NDVI 最合理尺度转换模型曲线较沙田半岛的 GEOEYE-1 影像所得曲线结构更复杂，前者的分维数大于后者。

（2）模型尺度适用范围方面，一方面，GEOEYE-1 影像分辨率更高，根据 5.1 节模型构建的方法可知，基于该影像所得模型较 ETM+影像（覆盖范围小）所得模型可覆盖更小尺度的的尺度范围（2～30 m），且可覆盖更为精细的尺度范围[2 m 的整数倍尺度，对应的 ETM+影像（覆盖范围小）为 30 m 的整数倍尺度]；另一方面，基于 ETM+影像（覆盖范围小）所得模型的最大适用尺度更大，尺度适用范围更广，这是因为与 GEOEYE-1 影像相比，ETM+影像（覆盖范围小）下垫面空间异质性更显著[Mean SHI$_{\text{ETM+影像（覆盖范围小）}}$＞Mean SHI$_{\text{GEOEYE-1 影像}}$]，包含信息更丰富，可以获取更多、有效的 NDVI 上推尺度影像，而充足、有效的各尺度 NDVI 影像样本是建立 NDVI 尺度转换统计分形模型的基础，故基于 ETM+影像（覆盖范围小）可获得尺度适用范围更广的 NDVI 尺度转换模型。

（3）模型的误差范围方面，基于 GEOEYE-1 影像所得模型较 ETM+影像（覆盖范围小）所得模型整体误差更小，其最小误差与最大误差皆小于后面两幅影像。原因是：在覆盖范围相同的条件下,分辨率较低、下垫面空间异质性更高的 ETM+影像（覆盖范围小）较空间分辨率更高、下垫面空间异质性较低的沙田半岛 GEOEYE-1 影像,获得了更多、有效的 NDVI 尺度上推影像样本。在构建 NDVI 尺度转换分形模型时,若统计样本数量过大,则不易获得拟合程度更好的拟合直线,所得拟合直线的模拟值与真实值的整体差异容易更大,故得到了上述结果。

综上所述,本书认为：当覆盖范围与下垫面状况相同时,空间分辨率高、下垫面空间异质性较低的遥感影像可以获得覆盖更小尺度（始于与自身分辨率相同大小的尺度）、更为精细尺度（自身分辨率的整数倍尺度）、但 Level 较小即尺度适用范围较小的 NDVI 连续尺度转换模型,空间分辨率低、下垫面空间异质性更高的遥感影像可以获得覆盖更为粗糙尺度（自身分辨率的整数倍尺度）、但 Level 更大即尺度适用范围更大的 NDVI 连续尺度转换模型。

6.3　成像质量影响特性分析

为了探讨成像质量的影响特性,需要计算相同下垫面下的 HJ-1 影像与 ETM+影像（覆盖范围小）所得 NDVI 连续尺度转换模型,进而比较模型差异,分析该因素的影响效果。ETM+影像（覆盖范围小）的 NDVI 尺度转换模型已在 6.1 节中构建得到,下面需要针对 HJ-1 影像进行模型构建。

6.3.1　HJ-1 影像的 NDVI 连续尺度转换模型构建

1. NDVI 连续尺度转换模型构建

这里继续利用 5.1 节中的模型构建方法。基于图 4.7 所示的 HJ-1 地表辐亮度影像,以 30 m 分辨率 HJ-1 多光谱影像为尺度的第一层级（level = 1）,令空间分辨率以等差数列的形式递增（公差为 30m,即 HJ-1 影像的尺度）,则可依次得到 30×2 m、30×3 m、$\cdots$、30×11 m、30×12 m、$\cdots$、30×19 m、30×20 m 的空间分辨率,这些分辨率分别对应于尺度的第 2 层级（level = 2）、第 3 层级（level = 3）、$\cdots$、第 11 层级（level = 11）、第 12 层级（level = 12）、$\cdots$、第 19 层级（level = 19）、第 20 层级（level = 20）。此时总的尺度层级 Level = 20。依照此方法,可以得到 Level = 3、Level = 4、$\cdots$、Level = 99、Level = 100、$\cdots$、Level = 199、Level = 200 各个尺度层级。

在获得各尺度层级 Level 的条件下,依照流程图 5.1 及相应的分形计算公式对影像进行计算,可以构建 NDVI 连续空间尺度转换模型,以及模型的评价参数 r、p、rlo、rup。对尺度层级–评价参数进行绘图,可得图 6.12。

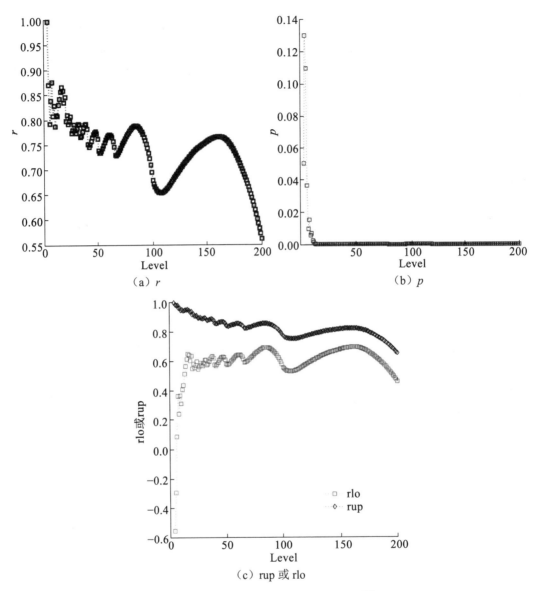

（a）r　　　　　　　　　　　　（b）p

（c）rup 或 rlo

图 6.12　各尺度层级所得模型评价[1]

对评价参数结果进行分析。r、p、rlo、rup 各参数的含义同上。在 p、rlo、rup 满足要求的条件下，首先以 r 值为判断指标，将最大 r 值所对应的尺度层级确定为最佳尺度层级。图 6.12 计算结果中，当 Level≥6 时，各尺度层级下 p≥0.036 79，符合要求，此时，rlo、rup 也满足要求，则依照上述标准，在 r = 0.876 0（此时，尺度层级–评价参数可进行一元线性拟合的相关系数最小值 r_0 = 0.874），即 Level = 7 时的尺度层级为最佳尺度层级。此尺度层级下所得模型如图 6.13 所示，图 6.13 中横坐标 $\log_2(1/scale)$ 中的 scale、纵坐标 $\log_2$NDVI 中的 NDVI、D、"基于实际影像"及"基于拟合直线"所代表的含义与图 5.2 中相应符号的含义相同，不同的是：scale = level = 1, 2,…, 7。

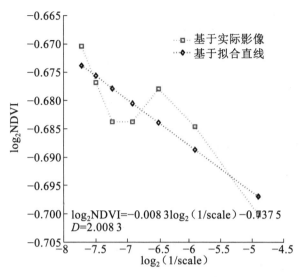

图 6.13　最佳尺度层级（Level = 7）下所得 NDVI 连续尺度转换模型[1]

分析图 6.13 可知：最佳尺度层级下所得模型虽对应于最大 r 值，但是模型的尺度适用范围却很小（这里为 30～210 m），这限制了模型适用的遥感影像尺度范围。故在 p、rlo、rup 符合要求的条件下，仅以 r 值作为最佳尺度层级确定的唯一指标不甚合理。下面将在满足 r 值足够高（≥0.8）的前提下，以尽可能广的尺度适用范围选取分形计算的最合理尺度层级。考察所有尺度层级下计算所得 r，可确定出最合理尺度层级为 24（此时 $r = 0.806\,9$，$r_0 < 0.80$），即模型的尺度适用范围为 30～720 m。该尺度层级下所得的模型如图 6.14 所示，图 6.14 中横坐标 $\log_2(1/\text{scale})$ 中的 scale、纵坐标 $\log_2\text{NDVI}$ 中的 NDVI、D、"基于实际影像" 及 "基于拟合直线" 所代表的含义与图 5.2 中相应符号的含义相同，不同的是：scale = level = 1, 2,…, 24。

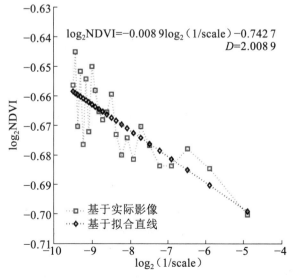

图 6.14　最合理尺度层级（Level = 24）下 NDVI 连续尺度转换模型[1]

图 6.14 中分维数 D 比较小，说明 $\log_2 \dfrac{1}{\text{scale}} - \log_2 \text{NDVI}$ 曲线的结构不复杂。

基于上述分析，比较不同尺度层级下所得模型的评价参数，认为选取 Level = 24（对应最大尺度为 30×24 m，即 720 m）时的计算结果作为最终的分形计算结果比较合适。原因是：此时的 r 值为 0.806 9，表明线性拟合程度良好，NDVI 随尺度变化具备典型的分形特征，但非完全自相似分形；p 值为 1.91×10^{-6}，说明计算的 r 值有意义；r 的真实值不足 0.806 9 的概率小于 5%。故所确定的 NDVI 连续空间尺度转换模型为 $\log_2 \text{NDVI} = -0.008\,9 \log_2 \dfrac{1}{\text{scale}} - 0.742\,7$。根据此模型，给出适用尺度范围（30～720 m）内任一 scale 值，即可得到上推尺度影像的 NDVI 均值。

2. 模型在 NDVI 真实性检验中的适用性分析

同样，这里将直接引用式（5.8）对模型在真实性检验中的适用性进行实验分析。

在 Level = 24 条件下，计算各尺度（scale）下的 Error，并对结果进行图形化显示，结果如图 6.15 所示。图 6.15 中，横坐标中 scale 代表各上推尺度，scale = level×30 m，level = 1,2,…,24；纵坐标 Error 为在对应的各上推尺度下模型计算得到的 NDVI 误差占比。

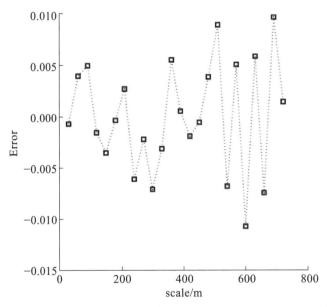

图 6.15　两种方法所得影像 NDVI 结果的差异（Level = 24）[1]

由图 6.15 可知：在不同上推尺度下，两种方法所得结果差异绝对值 Error 通常不为 0；在 Level = 24（即最大上推尺度为 720 m）的条件下，此差异绝对值 Error 的最小值为 $2.339\,6 \times 10^{-4}$（对应于上推尺度 scale = 180 m）、最大值为 0.006 8（对应于上推尺度 scale = 600 m），则模型所得结果与各上推尺度 NDVI 影像的均值（"近真值"）的差异可以接受。故所得模型可用于 NDVI 真实性检验中。

3. NDVI 存在尺度效应的原因分析

NDVI 存在尺度效应的根本原因与 5.4.1 节所做定性分析相同。进一步,采用影像平均 SHI 对 NDVI 影像空间异质性属性进行重点分析。

基于式（5.10）,在 Level = 24 的条件下,可计算得到不同上推尺度影像的 Mean SHI,对影像尺度–Mean SHI 数组绘图,可得图 6.16。图 6.16 中,横坐标中 scale 代表各上推尺度,scale = level×30 m,level = 1, 2,…, 181;纵坐标 Mean SHI 为在对应的各上推尺度下影像的平均空间异质性指数。

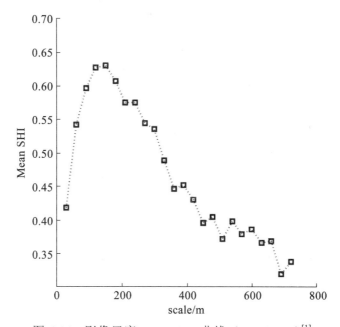

图 6.16　影像尺度–Mean SHI 曲线（Level = 24）[1]

若 HJ-1 影像 NDVI 空间分布均一,不存在异质性,则各上推尺度影像 Mean SHI 相同。分析图 6.16 可知,不同上推尺度影像间 Mean SHI 变化显著,这说明 HJ-1 影像 NDVI 存在显著的空间异质性。下面对图中的曲线进行深入分析。

影像平均空间异质性指数与地类复杂性及地类的破碎程度的关系已在 5.4.1 小节做出论述,这里结合实验影像进行具体分析。考虑实验影像的地类分布状况,图 6.16 中曲线先增大后减小的变化趋势符合上述分析,印证了分析的合理性;拐点（Mean SHI = 0.630 8）所对应的特征尺度（150 m）为影像主要地类桉树、陆生天然林等林地斑块的尺度。

6.3.2　影响特性分析

以影像 Mean SHI、最合理模型、分维数、模型尺度适用范围、误差范围等属性作为指标,比较相同下垫面下的 HJ-1 影像与 ETM+影像（覆盖范围小）所得 NDVI 连续尺度转换模型,如表 6.3 所示,以分析成像质量的影响特性。

表 6.3　HJ-1 影像与 ETM+影像（覆盖范围小）所得 NDVI 连续尺度转换模型比较[1]

影像	指标				
	影像 Mean SHI	最合理模型	分维数	模型尺度适用范围/m	误差范围
HJ-1 影像	0.418 6	$\log_2 \text{NDVI} = -0.008\,9 \log_2 \dfrac{1}{\text{scale}} - 0.742\,7$	2.008 9	30～720	$2.339\,6 \times 10^{-4}$ ～0.006 8
ETM+影像（覆盖范围小）	0.382 3	$\log_2 \text{NDVI} = -0.021\,1 \log_2 \dfrac{1}{\text{scale}} - 0.867\,5$	2.021 1	30～5 430	$1.321\,7 \times 10^{-5}$ ～0.023 7

对表 6.3 进行分析，可以得出以下结论。

（1）HJ-1 影像像质较差，虽然与 ETM+影像（覆盖范围小）覆盖相同的区域，但由于其成像质量较差，HJ-1 影像内所包含的有效信息不及 ETM+影像；HJ-1 影像的尺度上推地表辐亮度影像质量同样不如 ETM+尺度上推影像；HJ-1 影像无法获得足量、有效的统计样本，故基于 HJ-1 影像得到的最合理尺度转换模型所反映的 NDVI 尺度转换复杂性不及 ETM+影像（覆盖范围小），基于前者影像所得分形模型的分维数小于基于后者影像所得。如 6.1 节和 6.2 节所示，若用 NDVI 影像平均 SHI 进行辅助分析，发现两幅影像 Mean SHI$_{\text{HJ-1 影像}}$＞Mean SHI$_{\text{ETM+影像（覆盖范围小）}}$，这似乎与分维数的结果矛盾。进一步分析可知并非如此：由平均 SHI 的计算公式可知，它对影像内所有像元赋予相同的权重，与 ETM+影像（覆盖范围小）相比，HJ-1 影像包含更多的噪声信息，通过平均 SHI 公式的计算，将会造成 HJ-1 结果的异常放大；虽然 ETM+影像（覆盖范围小）存在条带缺失现象，但 ETM+影像（覆盖范围小）正常成像部分质量较 HJ-1 影像好很多，书中的条带补偿算法也是根据邻近的原则进行缺失条带补偿，故不会引入明显的噪声信息，该影像的平均 SHI 也较为合理。故可以认为 Mean SHI$_{\text{HJ-1 影像}}$＞Mean SHI$_{\text{ETM+影像（覆盖范围小）}}$ 可以作为参考，但未包含足够的有效信息。

（2）基于（1）中的分析，由于 HJ-1 影像成像质量较差，它所获得的有效上推尺度 NDVI 影像数量不及 ETM+影像（覆盖范围小），故基于前者所得的 NDVI 最合理尺度转换模型的尺度适用范围小于后者影像所得。

（3）基于（1）中分析可知，由于 HJ-1 影像及其尺度上推 NDVI 影像像质较差，其精确反映成像区域内各地物各尺度特性的能力与精度不及 ETM+影像（覆盖范围小），故基于前者所得最合理尺度转换模型的最小误差要大于后者的误差；同时 ETM+影像（覆盖范围小）构建最合理模型的统计样本数量远大于基于 HJ-1 影像的状况，统计样本过大时，不易获得拟合程度更好的拟合直线，所得拟合直线的模拟值与真实值的整体差异容易更大，表 6.3 中基于 HJ-1 影像所得模型的最大误差小于基于 ETM+影像（覆盖范围小）所得最大误差即属于此情况。但 ETM+影像（覆盖范围小）所得模型最大误差 Max_Error 为 2.37%，该模型可接受。

综上所述，对覆盖范围与下垫面状况相同的不同传感器影像，与成像质量较差、反映地物结构复杂性及分布异质性能力较差的传感器影像相比，成像质量更高的传感器影像可以获得 Level 更大、尺度适用范围更大的 NDVI 连续尺度转换模型。同时，这再次证明下垫面空间异质性对于 NDVI 连续尺度转换模型尺度适用范围的确定起到重要作用。

参 考 文 献

[1] LUAN H J, TIAN Q J, ZHANG X X, et al. The application of continuous spatial scaling model of NDVI in validation and its sensibility analysis to various image characteristics[J]. Journal of Environmental Science and Engineering A, 2016, 5(10): 529-539.

[2] LIANG S L. Numerical experiments on the spatial scaling of land surface albedo and leaf area index[J]. Remote Sensing Reviews, 2000, 19: 225-242.

[3] JIN Z Y, TIAN Q J, CHEN J M, et al. Spatial scaling between leaf area index maps of different resolutions [J]. Journal of Environmental Management, 2007, 85: 628-637.

[4] LI X W, WANG J D, STRAHLER A H. Scale effect of Planck's law over nonisothermal blackbody surface[J]. Science in China Series E: Technological Sciences, 1999, 42: 652-656.

[5] CHEN J M. Spatial scaling of a remotely sensed surface parameter by contexture[J]. Remote Sensing of Environment, 1999, 69: 30-42.

[6] ZHANG R H, LI Z L, TANG X Z, et al. Study of emissivity scaling and relativity of homogeneity of surface temperature[J]. International Journal of Remote Sensing, 2004, 25: 245-259.

[7] WEN J G, LIU Q, LIU Q H, et al. Scale effect and scale correction of land-surface albedo in rugged terrain[J]. International Journal of Remote Sensing, 2009, 30: 5397-5420.

[8] XU X R, FAN W J, TAO X. The spatial scaling effect of continuous canopy leaves area index retrieved by remote sensing[J]. Science in China Series D: Earth Sciences, 2009, 52: 393-401.

[9] ZHANG X, YAN G, LI Q, et al. A measuring device for studying scaling of emissivities from sub-pixel to pixel[J]. International Journal of Remote Sensing, 2006, 27: 5359-5372.

[10] ROMAN M O, GATEBE C K, SCHAAF C B, et al. Variability in surface BRDF at different spatial scales (30m-500m) over a mixed agricultural landscape as retrieved from airborne and satellite spectral measurements[J]. Remote Sensing of Environment, 2011, 115: 2184-2203.

[11] LIANG L, SCHWARTZ M D, FEI S L. Validating satellite phenology through intensive ground observation and landscape scaling in a mixed seasonal forest[J]. Remote Sensing of Environment, 2011, 115: 143-157.

[12] HILKER T, HALL F G, COOPS N C, et al. Remote sensing of photosynthetic light-use efficiency across two forested biomes: Spatial scaling[J]. Remote Sensing of Environment, 2010, 114: 2863-2874.

[13] NAGLER P L, BROWN T, HULTINE K R, et al. Regional scale impacts of Tamarix leaf beetles (Diorhabda carinulata) on the water availability of western U.S. rivers as determined by multi-scale remote sensing methods[J]. Remote Sensing of Environment, 2012, 118: 227-240.

[14] CHASMER L, BARR A, HOPKINSON C, et al. Scaling and assessment of GPP from MODIS using a combination of airborne lidar and eddy covariance measurements over jack pine forests[J]. Remote Sensing of Environment, 2009, 113: 82-93.

[15] 徐希孺. 遥感物理[M]. 北京: 北京大学出版社, 2005: 13-14.

[16] ZHANG R H, TIAN J, LI Z L, et al. Principles and methods for the validation of quantitative remote sensing products[J]. Science in China Series D: Earth Sciences, 2010, 53: 741-751.

[17] 栾海军, 田庆久, 余涛, 等. 基于分形理论的 NDVI 连续空间尺度转换模型研究[J]. 光谱学与光谱

分析, 2013, 33(7): 1857-1862.

[18] 栾海军, 田庆久, 顾行发, 等. 基于分形理论与 GEOEYE-1 影像的 NDVI 连续空间尺度转换模型构建及应用[J]. 红外与毫米波学报, 2013, 32(6): 538-544.

第 7 章　NDVI 连续尺度转换模型应用验证

　　5.2.2 小节已就 NDVI 连续尺度转换模型在真实性检验中的适用性进行理论论证，结果证明了模型的有效性。然而，在实际应用中，由于不同尺度传感器影像成像参数（光谱、时相、成像几何等）不尽相同，利用此模型对实际影像进行真实性检验时，一个重要前提就是以模型所对应的基础影像为基准对待检验影像进行成像参数归一化。Landsat7 ETM+影像得到广泛应用，但是影像的条带缺失对于产品的应用制约很大，对其常用产品（如 NDVI）的真实性进行检验与定量评价具有重要意义。这一章将结合成像参数归一化技术，利用沙田半岛 2 m GEOEYE-1 影像基于 NDVI 连续尺度转换模型对 30 m ETM+影像进行 NDVI 真实性检验，以完成对此模型的应用验证。

　　这里基于较高分辨率遥感影像进行的反演量的连续尺度转换模型构建对于其后的模型在真实性检验中的应用也具有重要意义。这是由于在基于高分辨率反演量影像进行低分辨率反演量影像的真实性检验时，高分辨率反演量影像的真实性得到有效检验和校正是前提，这样才可以保证其对低分辨率反演量影像的检验真实、可信[1-2]。考虑到目前地表参数实测在探测精度及探测范围等方面的限制，高分辨率反演量影像的实测验证更容易实现。就本篇而言，2 m 分辨率 GEOEYE-1 影像容易实现。但即使如此，面对地类丰富、分布不均的沙田半岛实验区（4 112 像元×3 036 像元），其地面实测实施的难度仍旧很大。这里我们进行简化处理，认为经过辐射定标、大气校正等预处理后 GEOEYE-1

地表辐亮度及 NDVI 影像为"近真实"的影像,可以基于此对其他相对低分辨率的反演量影像(如 ETM+的 NDVI 影像)进行真实性检验。

7.1 传感器成像参数归一化

研究[3-7]表明,传感器成像特性参数归一化对于不同传感器影像上反演量的尺度效应研究具有不可忽略的影响。由于所使用的 GEOEYE-1 与 ETM+影像的成像光谱、时相及成像几何等成像特性参数并不一致,基于 GEOEYE-1 影像对 ETM+影像进行 NDVI 真实性检验时,需要首先基于预处理后的 GEOEYE-1 影像(图 4.5)进行预处理后 ETM+影像(图 4.9)的成像特性参数归一化,通常包含光谱归一化、时相归一化及成像几何归一化。归一化处理后,各传感器影像的地表反射率及 NDVI 具有可比性,从而获得更为准确的研究结果。下面对三种归一化处理进行逐一描述。

7.1.1 光谱归一化

图 7.1 为 GEOEYE-1 与 ETM+两传感器的光谱响应曲线,由图 7.1 可看出:两个传感器的光谱响应曲线不一致,若要比较两个传感器影像计算的地表参数,首先需要对其进行光谱归一化处理。

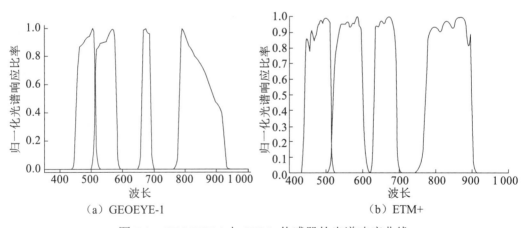

（a）GEOEYE-1　　　　　　　　（b）ETM+

图 7.1　GEOEYE-1 与 ETM+传感器的光谱响应曲线

不同传感器各个波段接收的大气上层太阳辐照度不同,在获得大气上层太阳辐照度分布曲线和传感器波段光谱响应曲线基础上,可以通过式(7.1)[8-9]计算得到各波段所接收的等效大气上层太阳辐照度。

$$L_0 = \frac{\int_{\lambda_1}^{\lambda_2} E(\lambda) \times \text{RES}(\lambda) \, d\lambda}{\int_{\lambda_1}^{\lambda_2} \text{RES}(\lambda) \, d\lambda} \tag{7.1}$$

式中：L_0 是传感器某一波段的等效大气上层太阳辐照度；$E(\lambda)$ 是大气上层太阳辐照度分布函数（本篇利用的是 ModTran 模型所使用的 2002 年大气上层太阳辐照度数据）；$RES(\lambda)$ 是该波段的光谱响应函数；λ_1 和 λ_2 分别是该波段波长的下界和上界。

　　对于卫星传感器而言，在其波段光谱响应函数确定的情况下，其波段等效大气上层太阳辐照度为常数。不同传感器间相同波段的光谱响应差异可用波段等效大气上层太阳辐照度的比值表示。以某一传感器为基准，对其他传感器计算该比值，进而将其他传感器的地表反射率影像乘以该比值因子，即实现了对该传感器影像的光谱归一化。这里的研究中选择 GEOEYE-1 影像为基准影像，对 EMT+影像进行光谱归一化。通过式（7.1）计算两个传感器不同波段的等效大气上层太阳辐照度及其比值，得到如表 7.1 所示的结果。

表 7.1　GEOEYE-1 和 ETM+影像各波段的等效大气上层太阳辐照度[单位：W/（m²·μm·sr）][10]

影像	波段			
	蓝色波段	绿色波段	红光波段	近红外波段
GEOEYE-1	2 006.723	1 827.812	1 493.328	1 024.100
ETM+	2 003.643	1 813.012	1 534.100	1 039.278
ETM+/GEOEYE-1	0.998 470	0.991 900	1.027 300	1.014 820

　　从表 7.1 可以看出：上述两个传感器各波段的等效大气上层太阳辐照度比值十分接近于 1，认为两种传感器的光谱特性很相近。

7.1.2　时相归一化

　　由于所用的 GEOEYE-1 和 ETM+影像的获取时间分别为 2009 年 10 月 16 日和 2009年 10 月 23 日，时相皆属于秋季，且相差仅为几天，基于对成像下垫面地类物候特性的认识，认为研究区内地物的形态与生理特性无明显变化，其光谱特性也无明显变化；此外，结合两幅影像成像时的降雨、气温、气压与风速等基本气象数据，认为它们成像时大气影响作用比较相近。综上所述，认为大气校正后两幅影像因时相差异所带来的光谱差异很小，可以忽略。进而两幅影像因时相差异所带来的地表反射率及 NDVI 的差异很小，也可以忽略。故在满足研究精度需求的情况下，未进行两幅影像的时相归一化。

7.1.3　成像几何归一化

　　由于研究中所使用的 GEOEYE-1 和 ETM+影像的覆盖范围较小（约为 6 km×8 km），两个传感器皆为下视观测，可以认为两幅影像各像素的观测天顶角皆为 90°；GEOEYE-1影像成像的格林尼治时间是 03:17，ETM+影像成像的格林尼治时间是 02:55，可以认为两幅影像各像素的太阳天顶角十分相近。两幅影像的观测几何十分接近，故在满足研究精度需求的情况下，未进行两幅影像的成像几何归一化。但是若检验传感器与待检验传感器的成像几何相差较大,对于某些遥感地表参数的真实性检验,需要考虑两类传感器间的成像几何归一化。本篇进行了遥感影像典型地类二向性反射率分布函数(bidirectional reflectance distribution function, BRDF)提取及其在真实性检验的适宜性分析的研究。

定量遥感使用各种载具上的传感器获取地球表面地物的电磁波信息,在先于经验的知识、普适性较强的机理模型和计算机系统支持下,定量获取观测目标的参量,并利用这些目标参量,通过链接相关模型生产出满足用户需要的时空尺度和精度的产品[11-12]。定量遥感是当前遥感研究与应用的前沿领域。然而现在的定量遥感在面向国家需求和面向基础研究方面,还存在大量遥感数据无法有效利用、定量遥感研究缺乏普遍适应性和系统性、遥感应用难以再有新突破等主要问题[13]。BRDF 作为基础的地表参数,可用于估算其他更为复杂的地表参数,同时也可用于不同传感器间成像角度归一化,为不同时空尺度地表参数产品的比对、协同应用提供条件,辅助解决海量遥感数据综合利用问题。地物 BRDF 模型建立与估算具有重要意义。目前常使用的 BRDF 模型有[14]:经验核驱动模型–修正的 Waltall 模型,该模型基于统计模型,可以较好调节样本数据,但是其假定不需要物理基础,因此不易外推;Roujean 半经验模型和 Ross-Li 半经验模型的缺点是都没有考虑热点和季节变化。目前用得较多的是 Roujean 半经验模型[15-18],它通过几何散射项和体散射项两个核函数表述物体表面反射光和入射光的二向反射特性。

BRDF 模型估算中,多角度数据集的获取是关键。在这方面,国产 HJ-1 A/B 遥感卫星具有显著优势:一方面,它所携带的 CCD1、CCD2 两个传感器可获取不同成像角度下同一区域影像数据,一定程度上获得了多角度观测数据;另一方面,该卫星系统由 A、B 双星组成,重访周期为 1~2 天,数据更新速度快,为近似获取同一时相多角度数据提供了条件。HJ-1 遥感卫星的上述优势使它在估算地物 BRDF 中具有重要价值。福建省厦门市作为典型的海滨城市,地类丰富,其 BRDF 估算复杂而重要。故这里将以厦门市为研究区,基于 HJ-1 遥感影像进行典型地类的 BRDF 估算研究。

1. 研究方法与实验数据

1)研究方法

本研究的技术路线如图 7.2 所示。

技术路线中,关键环节为 Roujean 半经验模型系数的解算,进而确定各典型地类的 BRDF。研究中选择的是 Roujean 半经验模型,具体描述见式(7.2)~式(7.8)[14]。

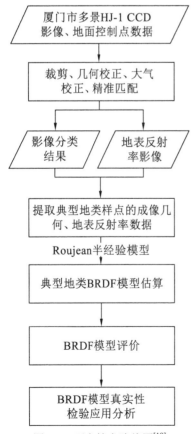

图 7.2　研究技术路线图[19]

$$R(\theta, \vartheta, \varphi) = f_{\mathrm{iso}} + f_{\mathrm{vol}} K_{\mathrm{vol}}(\theta, \vartheta, \varphi) + f_{\mathrm{geo}} K_{\mathrm{geo}}(\theta, \vartheta, \varphi) \tag{7.2}$$

$$K_{\mathrm{vol}}(\theta, \vartheta, \varphi) = \frac{\left(\dfrac{\pi}{2} - \xi\right)\cos\xi + \sin\xi}{\cos\theta + \sin\theta} - \frac{\pi}{4} \tag{7.3}$$

$$K_{\mathrm{geo}}(\theta, \vartheta, \varphi) = O(\theta, \vartheta, \varphi) - \sec\theta - \sec\vartheta + \frac{1}{2}(1 + \cos\xi)\sec\theta\sec\vartheta \tag{7.4}$$

$$O(\theta, \vartheta, \varphi) = \frac{1}{\pi}(t - \sin t \cos t)(\sec\theta + \sec\vartheta) \tag{7.5}$$

$$\cos t = 2\frac{\sqrt{D^2 + (\tan\theta\tan\vartheta\sin\varphi)^2}}{\sec\theta + \sec\vartheta} \tag{7.6}$$

$$D = \sqrt{\tan\theta^2 + \tan\vartheta^2 - 2\tan\theta\tan\vartheta\cos\varphi} \tag{7.7}$$

$$\cos\xi = \cos\theta\cos\vartheta + \sin\theta\sin\vartheta\cos\varphi \tag{7.8}$$

式中：θ 是太阳天顶角；ϑ 是观测天顶角；φ 是太阳方位角与观测方位角之差；f_{iso}、f_{geo} 和 f_{vol} 是 BRDF 的三个核系数，它们与地物的形状、地物之间的几何形状下的相互遮蔽及生物参数和季节变化等有关；K_{vol} 是体散射项；K_{geo} 是表面散射项；$O(\theta, \vartheta, \varphi)$ 是在太阳和观测下阴影的重叠；ξ、t 是解算过程的中间参数。

2）实验数据

研究选择福建省厦门市为实验区，它位于闽南金三角东南部，北纬 24°23′～24°54′，东经 117°52′～118°26′，位于九龙江入海口处，背靠漳州、泉州平原，东部濒临东海、台湾海峡。西部、北部地区分别与漳州、泉州平原接壤。陆地面积是 1 565 km²，海域面积是 340 km²，海岸线长度为 230 km。本次研究以四幅 HJ-1 A/B 遥感影像为数据源，成像日期分别为 2014 年 12 月 6 日、2014 年 12 月 14 日、2015 年 1 月 1 日及 2015 年 1 月 21 日。

根据研究技术路线图，对实验数据进行了如下预处理。

（1）裁剪。根据研究需要，对四幅时相完整影像进行裁剪，裁剪区域大致相同，得到包含厦门市的方形区域。

（2）几何校正。利用手持 GPS 于 2015 年 1 月中旬采集研究区控制点数据 47 个，控制点数据精度均在 15 m 以内；首先校正其中一幅图，校正中误差控制在 0.5 个像元内；并以校正后影像为基础校正其余三幅影像，这一方法精确而高效。

（3）大气校正。利用中国资源卫星应用中心网站所提供的定标参数进行 HJ-1 CCD 影像定标，结合该网站所提供的波谱响应函数及其他地表、大气成像参数，利用 ENVI FLAASH 大气校正模块对 HJ-1 CCD 数据进行了精确大气校正。

（4）影像精确配准。根据 Roujean 半经验模型，研究中需要提取同一位置某地类不同影像上的多类参数，这要求不同影像间精确配准。这里使用 ENVI 自动配准功能进行精确配准，实验中选择了信息量丰富的第四近红外波段，通过两次多项式校正，得到较好的结果。图 7.3 为经过上述预处理后的四幅影像。

（a）2014 年 12 月 6 日影像

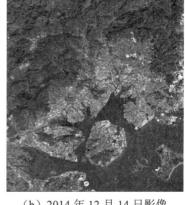

（b）2014 年 12 月 14 日影像

（c）2015 年 1 月 1 日影像

（d）2015 年 1 月 21 日影像

图 7.3　预处理后 HJ-1 CCD 假彩色合成影像[19]

R：4，G：3，B：2

2．实验结果

1）模型参数计算

首先，介绍 HJ-1 CCD 影像自动分类。通过对厦门市地类状况的了解，结合 HJ-1 CCD 影像，将影像分为 6 个典型地类：建设用地、林地、水体、耕地、道路和沙地。各地类目视特征如表 7.2 所示。基于监督分类方法，利用最大似然分类器获得了分类结果。

表 7.2　厦门市典型地类 HJ-1 CCD 假彩色影像目视特征[19]

类别	类别特征
建设用地	色调主体呈蓝绿色，少部分呈灰白色，主要分布于建城区
林地	色调呈深红色，北部同安区分布最为广泛

类别	类别特征
水体	色调呈暗蓝色,主要分布在沿海区域
耕地	色调呈浅红色,主要分布在翔安区
道路	色调呈深绿色、浅绿色、暗色或者黄白色,主要以线条状呈现
沙地	色调呈白色、淡青色,主要分布在海陆交界处

然后,介绍地表反射率提取。基于经纬度坐标,研究中分别提取了各地类同一样点在不同影像上的地表反射率:首先采集其中一景影像样点的经纬度及对应的地表反射率,进而利用此坐标信息对其余三幅图中的相同样点的地表反射率数据进行提取,最终提取了四幅影像的 24 组实验数据,如表 7.3~表 7.6 所示。注意:表 7.3~表 7.6 中 ID 号 1~6 依次代表建设用地、林地、水体、耕地、道路和沙地样点,X、Y 分别代表样点的影像行列位置,Map$X$、Map$Y$ 代表样点的空间直角坐标,Lat、Lon 分别代表样点的地理纬度、经度,B1、B2、B3、B4 分别代表样点的蓝光、绿光、红光、近红外波段地表反射率(放大 10 000 倍),四幅影像上相同样点的经纬度差异基本小于 1 个像元尺寸(30 m),个别最大值小于两个像元尺寸,符合研究要求。

表 7.3　2014 年 12 月 6 日 HJ-1 CCD 影像各地类样点地表反射率信息[19]

ID	X	Y	Map$X$/m	Map$Y$/m	Lat	Lon	B1	B2	B3	B4
1	1 341	1 034	622 717.58	2 723 191.82	24.618 004°	118.212 332°	831	1 904	3 016	4 016
2	348	1 090	592 927.58	2 721 511.82	24.604 916°	117.917 959°	111	590	327	5 130
3	1 148	1 256	616 927.58	2 716 531.82	24.558 316°	118.154 590°	721	1 073	697	256
4	940	1 509	610 687.58	2 708 941.82	24.490 237°	118.092 389°	680	895	875	1 251
5	496	1 627	597 367.58	2 705 401.82	24.459 163°	117.960 705°	638	981	937	2 243
6	757	1 753	605 197.58	2 701 621.82	24.424 518°	118.037 673°	1 750	2 737	3 339	4 216

表 7.4　2014 年 12 月 14 日 HJ-1 CCD 影像各地类样点地表反射率信息[19]

ID	X	Y	Map$X$/m	Map$Y$/m	Lat	Lon	B1	B2	B3	B4
1	1 341	1 034	622 659.82	2 723 209.84	24.618 171°	118.211 763°	804	1 784	2 867	3 887
2	348	1 090	592 869.82	2 721 529.84	24.605 083°	117.917 389°	175	596	336	5 088
3	1 150	1 256	616 929.82	2 716 549.84	24.558 478°	118.154 613°	774	1 124	697	256
4	941	1 509	610 659.82	2 708 959.84	24.490 402°	118.092 117°	597	873	888	1 427
5	497	1 627	597 339.82	2 705 419.84	24.459 328°	117.960 433°	621	993	969	2 354
6	758	1 753	605 169.82	2 701 639.84	24.424 683°	118.037 401°	1 790	2 746	3 334	4 248

表 7.5　2015 年 1 月 1 日 HJ-1 CCD 影像各地类样点地表反射率信息[19]

ID	X	Y	MapX/m	MapY/m	Lat	Lon	B1	B2	B3	B4
1	1 308	1 316	622 666.52	2 723 205.14	24.618 128°	118.211 828°	1 448	2 399	3 469	4 229
2	315	1 372	592 876.52	2 721 525.14	24.605 040°	117.917 455°	120	487	734	2 704
3	1 117	1 538	616 936.52	2 716 545.14	24.558 435°	118.154 679°	767	895	938	1 143
4	908	1 791	610 666.52	2 708 955.14	24.490 359°	118.092 183°	1 090	1 174	1 376	1 953
5	464	1 909	597 346.52	2 705 415.14	24.459 285°	117.960 499°	1 212	1 400	1 594	2 801
6	725	2 035	605 176.52	2 701 635.14	24.424 640°	118.037 467°	1 928	2 633	3 196	3 690

表 7.6　2015 年 1 月 21 日 HJ-1 CCD 影像各地类样点地表反射率信息[19]

ID	X	Y	MapX/m	MapY/m	Lat	Lon	B1	B2	B3	B4
1	1 531	1 474	622 671.47	2 723 192.63	24.618 015°	118.211 876°	1 309	2 201	3 425	4 397
2	538	1 530	592 881.47	2 721 512.63	24.604 926°	117.917 503°	100	379	512	1 895
3	1 340	1 696	616 941.47	2 716 532.63	24.558 322°	118.154 727°	706	888	900	910
4	1 131	1 949	610 671.47	2 708 942.63	24.490 246°	118.092 230°	850	1 075	1 164	1 752
5	687	2 067	597 351.47	2 705 402.63	24.459 171°	117.960 547°	824	1 130	1 272	2 420
6	948	2 193	605 181.47	2 701 622.63	24.424 526°	118.037 515°	1 896	2 735	3 307	3 872

最后,介绍 HJ-1 影像成像角度提取。HJ-1 影像头文件的角度信息是每 34 行、34 列记录的一个角度数据,为了得到每个像元的准确角度信息,需要做插值处理后提取出每个像元的角度信息(观测天顶角和观测方位角),最后根据每景影像的太阳方位角得到其对应的相对方位角。这里使用 HJ_AOD V1.0 插件的 HJ_Angle 模块进行角度插值,获得了上述 24 个各地类代表样点的相关角度信息,如表 7.7~表 7.10 所示。注意:表 7.7~表 7.10 中 ID 号 1~6 与表 7.3~表 7.6 对应相同样点,Lat、Lon 分别代表样点的地理纬度、经度。

表 7.7　2014 年 12 月 6 日 HJ-1 CCD 影像各地类样点相关角度信息[19]

ID	Lat	Lon	太阳天顶角	太阳方位角	卫星天顶角	卫星方位角	方位角差值
1	24.618 004°	118.212 332°	58.132 816°	142.413 651°	12.116 413°	96.109 756°	46.303 895°
2	24.604 916°	117.917 959°	58.281 284°	142.154 800°	14.791 121°	96.389 908°	45.764 892°
3	24.558 316°	118.154 590°	58.112 732°	142.340 958°	12.524 006°	96.176 605°	46.164 353°
4	24.490 237°	118.092 389°	58.093 304°	142.261 398°	12.953 902°	96.211 952°	46.049 446°
5	24.459 163°	117.960 705°	58.142 269°	142.136 215°	14.097 378°	96.325 905°	45.81 0310°
6	24.424 518°	118.037 673°	58.072 124°	142.189 224°	13.320 246°	96.234 810°	45.954 414°

表 7.8　2014 年 12 月 14 日 HJ-1 CCD 影像各地类样点相关角度信息[19]

ID	Lat	Lon	太阳天顶角	太阳方位角	卫星天顶角	卫星方位角	方位角之差
1	24.618 171°	118.211 763°	58.209 133°	142.537 735°	21.811 623°	97.295 837°	45.241 898°
2	24.605 083°	117.917 389°	58.362 015°	142.279 190°	24.298 216°	97.321 739°	44.957 451°
3	24.558 478°	118.154 613°	58.193 535°	142.465 790°	22.192 757°	97.279 877°	45.185 913°
4	24.490 402°	118.092 117°	58.174 351°	142.386 185°	22.601 768°	97.300 934°	45.085 251°
5	24.459 328°	117.960 433°	58.222 965°	142.261 078°	23.667 301°	97.262 108°	44.998 970°
6	24.424 683°	118.037 401°	58.152 622°	142.314 056°	22.947 321°	97.290 291°	45.023 765°

表 7.9　2015 年 1 月 1 日 HJ-1 CCD 影像各地类样点相关角度信息[19]

ID	Lat	Lon	太阳天顶角	太阳方位角	卫星天顶角	卫星方位角	方位角之差
1	24.618 128°	118.211 828°	58.128 456°	142.413 132°	12.121 901°	96.111 633°	46.301 499°
2	24.605 040°	117.917 455°	58.281 628°	142.154 282°	14.796 662°	96.390 762°	45.763 520°
3	24.558 435°	118.154 679°	58.112 732°	142.340 958°	12.524 006°	96.176 605°	46.164 353°
4	24.490 359°	118.092 183°	58.093 472°	142.261 139°	12.956 626°	96.212 341°	46.048 798°
5	24.459 285°	117.960 499°	58.142 437°	142.135 956°	14.100 088°	96.326 378°	45.809 578°
6	24.424 640°	118.037 467°	58.072 292°	142.188 965°	13.322 977°	96.235 489°	45.953 476°

表 7.10　2015 年 1 月 21 日 HJ-1 CCD 影像各地类样点相关角度信息[19]

ID	Lat	Lon	太阳天顶角	太阳方位角	卫星天顶角	卫星方位角	方位角之差
1	24.618 015°	118.211 876°	56.755 032°	138.780 243°	9.797 972°	95.685 730°	43.094 513°
2	24.604 926°	117.917 503°	56.922 066°	138.520 599°	12.445 700°	96.118 034°	42.402 565°
3	24.558 322°	118.154 727°	56.744 484°	138.704 819°	10.195 846°	95.740 570°	42.964 249°
4	24.490 246°	118.092 230°	56.731 152°	138.621 368°	10.625 481°	95.826 866°	42.794 502°
5	24.459 171°	117.960 547°	56.786 861°	138.494 568°	11.754 571°	96.011 200°	42.483 368°
6	24.424 526°	118.037 515°	56.714 561°	138.545 792°	10.983 347°	95.873 093°	42.672 699°

2）Roujean 半经验模型系数计算

获得 Roujean 半经验模型计算需要的参数后，根据式（7.2）~式（7.8）可计算厦门市 6 种典型地类的模型核系数（计算由 MATLAB 编码实现），即确定了各地类的 BRDF。从后续探讨 NDVI 角度归一化的需要出发，这里只是进行红光、近红外波段的计算，结果如表 7.11~表 7.12 所示。

表 7.11　厦门市典型地类红光波段 BRDF Roujean 半经验模型系数[19]

地类	红光波段的三个核系数		
	f_{iso}	f_{vol}	f_{geo}
建设用地	1.105 4	−3.053 2	0.425 7
林地	0.003 8	−0.200 2	−0.063 7
水体	0.438 6	−1.306 4	0.201 3
耕地	0.268 8	−0.907 7	0.058 6
道路	0.187 2	−0.721 8	−0.012 6
沙地	0.495 6	−0.398 2	0.114 4

表 7.12　厦门市典型地类近红外波段 BRDF Roujean 半经验模型系数[19]

地类	近红外波段的三个核系数		
	f_{iso}	f_{vol}	f_{geo}
建设用地	1.591 2	−4.007 1	0.692 0
林地	−8.426 8	29.348 6	−5.165 6
水体	0.981 2	−3.582 4	0.493 2
耕地	0.795 7	−2.260 0	0.363 3
道路	−0.172 1	1.002 8	−0.288 0
沙地	0.022 6	1.674 5	−0.181 8

3）模型精度分析

为验证各地类 BRDF 精度，这里随机选取四幅影像中 6 种地物的样点进行分析。比较各样点地表反射率模型值与影像实际值的差值，以及该差值绝对值与影像实际值的比值，结果如表 7.13 所示。

表 7.13　红光与近红外波段 BRDF 模型精度分析[19]

地类	红光波段反射率	反射率差值	近红外波段反射率	反射率差值
建设用地	0.304 0	0.017 3	0.409 5	0.020 8
林地	0.038 2	0.004 6	0.494 0	0.014 8
水体	0.058 9	0.031 1	0.061 1	0.029 9
耕地	0.084 7	0.031 7	0.118 0	0.057 2
道路	0.140 4	0.019 0	0.301 0	0.020 9
沙地	0.359 6	0.040 0	0.310 5	0.058 5

分析表 7.13 可知，两波段上 6 种典型地类地表反射率 BRDF 模型值与影像实际值偏差百分比存在一定的波动，多数在 10%以内，部分较大，表明 Roujean 半经验模型对厦门

市典型地类 BRDF 估算具有一定的精度。精度的差异表明 Roujean 半经验模型对于地物类别的选择适用性,该模型并不能精确地刻画各种地类地表反射率空间分布的本质特性。这也是该模型物理意义不明确、稳定性不强的表现。

3. 讨论

这里对 BRDF 在成像角度归一化及 NDVI 真实性检验中应用的可行性进行探讨分析。

1) BRDF 可用于成像角度归一化

唐勇[20]研究了不同的成像角度(太阳高度角及太阳方位角、观测天顶角及其方位角)对于获取的传感器数据的重要影响,其研究成果表明:为了真实反映地表状况,不同传感器数据在进行联合使用时必须进行成像角度归一化。基于地物 BRDF 可实现其成像角度归一化,这对于协同利用多种传感器数据、真实深刻反映地表状况具有重要意义。

2) 成像角度归一化在 NDVI 真实性检验中的应用分析

对于不具有物理意义的地表参数(如 NDVI),在进行不同传感器间交叉检验时应考虑其成像几何差异的影响。而对于具备物理意义的地表参数(如 LAI),可以不用考虑此影响,即不同传感器间具有直接可比性。这里以 OLI 影像进行 MODIS NDVI 真实性检验为例,探讨成像角度归一化在其真实性检验中的实现方法。

研究将以 MODIS 影像为基准,进行 OLI NDVI 影像的成像角度归一化。实施步骤依次为:①HJ-1 CCD 影像光谱归一化。参考前文内容,为提取研究区地物 BRDF,需获取时相紧邻的多幅(至少四景)国产 HJ-1 卫星高重访率双星影像。以 OLI 影像为基准,对上述预处理后 HJ-1 地表反射率影像进行光谱归一化。②研究区典型地物 BRDF 提取。利用光谱归一化后 HJ-1 CCD 影像,基于 Roujean 半经验模型提取各地类 BRDF。③对研究区 OLI 影像进行典型地类识别。④参考 MODIS 影像成像几何(太阳天顶角、观测天顶角和相对方位角),计算 OLI 影像归一化后地表反射率,完成角度归一化。

3) BRDF 提取中的不确定性

Roujean 半经验模型系数的估算精度受到 HJ-1 影像数量、时相间隔、影像精确配准程度及大气校正精度等的密切影响,下面重点分析前两个因素的影响。

HJ-1 影像数量:MODIS 产品构建多角度数据集,需要多天覆盖的基于重复区域的多角度数据集,一般需要 16 天覆盖的基于重复区域的多角度数据集,进而估算得到较为精确的 BRDF 产品。受成像天气条件影响,在尽可能保证时相相近的条件下,获取了同一研究区的连续 4 天影像,这为估算的 BRDF 结果带来了一定的不确定性。

时相间隔:研究中所用的 HJ-1 多角度数据集分布于 1 个月的时间周期内,与"获取同一时间的多角度数据集"的理想状态存在一定差距,这也为估算的 BRDF 结果带来了不确定性。

上述因素为 BRDF 的提取带来了一定的影响。除此之外,Roujean 半经验模型同样存在自身的不足。核驱动模型最大的优点是具有良好的可解算性,观测数据充足便可进行最小二乘解算。同时,其最大的问题在于不针对地物建模,物理意义不明确,稳定性较差。所以基于此模型估算的 BRDF 精度存在一定的不确定性,探寻更为稳定、具有物理意义的普适性地物 BRDF 提取模型是今后研究的方向。

研究中所获得的 BRDF 结果存在一定的不确定性,这也为其在角度归一化及 NDVI 真实性检验中的应用带来了一定的制约。但是这种应用是研究的趋势,值得期待。

4. 结论

通过实验研究,认为利用 HJ-1 卫星高重访率双星影像可提取一定精度的厦门市典型地类 BRDF,为进行复杂地表参数反演提供了条件。但是 Roujean 半经验模型精度受到研究区多时相影像数量、时相间隔远近、影像精确配准程度及大气校正精度等的密切影响,这些因素可制约高精度 BRDF 结果的获得。将 BRDF 成像角度归一化引入真实性检验具有重要意义,但是要求地类 BRDF 具有更高精度,以保证不会为真实性检验带来新的不确定因素。实验更高精度、更为稳定的 BRDF 模型是下一步研究的重点。

7.2　实验样区选取

基于上述处理,获得了经成像特性参数归一化的 GEOEYE-1 与 ETM+影像。进一步,以四种不同的范围标准在两幅影像上选择 22 个样区:①小范围较单一地类样区,在 GEOEYE-1 影像(2 m)不同位置处选取 15 个 150 像元×150 像元大小的此类样区,同时在 ETM+影像(30 m)相同位置处选取 15 个 10 像元×10 像元大小的此类样区;②较大范围地类混合样区,在 GEOEYE-1 影像(2 m)不同位置处选取 5 个 600 像元×600 像元大小的此类样区,同时在 ETM+影像(30 m)相同位置处选取 5 个 40 像元×40 像元大小的此类样区;③大范围地类混合样区,在 GEOEYE-1 影像(2 m)影像中心处选取 1 个 1 500 像元×1 500 像元大小的样区,同时在 ETM+影像(30 m)相同位置处选取 1 个 100 像元×100 像元大小的样区;④实验影像整体作为一个样区,选取 GEOEYE-1 影像整体(4 112 像元×3 036 像元)作为一个样区,同时选取相同范围的 ETM+影像整体(272 像元×200 像元)作为一个样区。上述 22 个样区的具体信息描述如表 7.14 所示。选取这些样区的原因有两点:①所选择的样区数量充足,包含多种较单一地类及混合地类,可较好代表多种简单及复杂下垫面类型,将使研究结论更为可靠;②基于 GEOEYE-1 影像(2 m)所选择样区像素数量较大(最小为 150 像元×150 像元,最大为 4 112 像元×3 036 像元),易得到足量、有效的 NDVI 尺度上推影像样本,进而获得尺度适用范围更大的 NDVI 连续尺度转换模型(符合 6.1 节的研究结论),以实现 30 m ETM+影像 NDVI 结果的真实性检验。

表 7.14　GEOEYE-1 与 ETM+影像上所选取样区情况[21]

样区序号	样区影像视图（2 m GEOEYE-1 影像）	样区影像视图（30 m ETM+影像）	地类	大小（像元×像元）（两幅影像按自左至右顺序）	位置
1			水库	150×150；10×10	左侧
2			养殖水体	150×150；10×10	右侧
3			海水	150×150；10×10	右侧
4			农田	150×150；10×10	右下侧
5			桉树林	150×150；10×10	中下侧
6			桉树林	150×150；10×10	中部
7			水库	150×150；10×10	下侧
8			红树林	150×150；10×10	右下侧
9			农田	150×150；10×10	左上角
10			桉树林	150×150；10×10	左上角
11			桉树林	150×150；10×10	左侧

样区序号	样区影像视图（2 m GEOEYE-1 影像）	样区影像视图（30 m ETM+影像）	地类	大小（像元×像元）（两幅影像按自左至右顺序）	位置
12			城镇	150×150；10×10	中部
13			农田	150×150；10×10	右上侧
14			居民区	150×150；10×10	右下侧
15			农田	150×150；10×10	中部
16			农田、居民区、桉树林和红树林	600×600；40×40	右下侧
17			桉树林和农田	600×600；40×40	右上侧
18			桉树林和居民区	600×600；40×40	左上角
19			农田、红树林、养殖水体和海水	600×600；40×40	右上角
20			桉树林、城镇、水塘和农田	600×600；40×40	中部

续表

样区序号	样区影像视图（2 m GEOEYE-1 影像）	样区影像视图（30 m ETM+影像）	地类	大小（像元×像元）（两幅影像按自左至右顺序）	位置
21			桉树林、城镇、水塘和农田	1 500×1 500；100×100	中部
22			以上各种地类	4 112×3 036；272×200	影像整体

7.3　各样区 NDVI 连续尺度转换模型构建

分别计算 GEOEYE-1 影像上各样区最合理的 NDVI 尺度转换模型。对所得模型结果建表，如表 7.15 所示。

表 7.15　各样区最合理 NDVI 尺度转换模型构建结果[21]

样区序号	地类	最合理尺度转换模型	分维数	模型尺度适用范围/m	误差范围
1	水库	不存在	不存在	不存在	不存在
2	养殖水体	不存在	不存在	不存在	不存在
3	海水	不存在	不存在	不存在	不存在
4	农田	不可取	不可取	2～28	不可取
5	桉树林	$\log_2 \text{NDVI} = -0.008\,9\log_2(1/\text{scale}) -0.581\,8$	2.008 9	2～140	$2.786\,9\times10^{-5}\sim$ 0.014 3
6	桉树林	不可取	不可取	2～14	不可取
7	水库	不存在	不存在	不存在	不存在

样区序号	地类	最合理尺度转换模型	分维数	模型尺度适用范围/m	误差范围
8	红树林	$\log_2 \text{NDVI} = -0.002\,7\log_2(1/\text{scale}) - 0.761\,3$	2.002 7	2~58	$2.175\,6 \times 10^{-5} \sim 0.003\,8$
9	农田	不存在	不存在	不存在	不存在
10	桉树林	$\log_2 \text{NDVI} = -0.002\,7\log_2(1/\text{scale}) - 0.793\,2$	2.002 7	2~36	$1.211\,9 \times 10^{-4} \sim 0.003\,0$
11	桉树林	$\log_2 \text{NDVI} = -0.000\,7\log_2(1/\text{scale}) - 0.464\,1$	2.000 7	2~74	$2.652\,7 \times 10^{-5} \sim 0.002\,1$
12	城镇	$\log_2 \text{NDVI} = -0.034\,5\log_2(1/\text{scale}) - 1.875\,3$	1.965 5	2~36	$2.768\,5 \times 10^{-4} \sim 0.042\,5$
13	农田	$\log_2 \text{NDVI} = -0.008\,3\log_2(1/\text{scale}) - 1.882\,9$	2.008 3	2~100	$2.997\,0 \times 10^{-4} \sim 0.017\,5$
14	居民区	$\log_2 \text{NDVI} = -0.014\,6\log_2(1/\text{scale}) - 1.471\,8$	2.014 6	2~98	$2.645\,6 \times 10^{-4} \sim 0.024\,0$
15	农田	$\log_2 \text{NDVI} = -0.012\,4\log_2(1/\text{scale}) - 0.858\,2$	2.012 4	2~150	$3.2330 \times 10^{-5} \sim 0.0190$
16	农田、居民区、桉树林和红树林	$\log_2 \text{NDVI} = -0.015\,0\log_2(1/\text{scale}) - 1.555\,3$	2.015 0	2~90	$2.379\,6 \times 10^{-4} \sim 0.033\,2$
17	桉树林和农田	$\log_2 \text{NDVI} = -0.003\,4\log_2(1/\text{scale}) - 0.829\,0$	2.003 4	2~174	$1.010\,8 \times 10^{-5} \sim 0.009\,0$
18	桉树林和居民区	$\log_2 \text{NDVI} = -0.001\,6\log_2(1/\text{scale}) - 0.822\,7$	2.001 6	2~100	$8.346\,1 \times 10^{-5} \sim 0.002\,5$
19	农田、红树林、养殖水体和海水	$\log_2 \text{NDVI} = -0.036\,6\log_2(1/\text{scale}) - 2.711\,8$	2.036 6	2~240	$1.120\,7 \times 10^{-4} \sim 0.048\,0$
20	桉树林、城镇、水塘和农田	$\log_2 \text{NDVI} = -0.003\,5\log_2(1/\text{scale}) - 0.953\,4$	2.003 5	2~62	$9.847\,4 \times 10^{-6} \sim 0.006\,4$
21	桉树林、城镇、水塘和农田	$\log_2 \text{NDVI} = -0.001\,8\log_2(1/\text{scale}) - 0.868\,9$	2.001 8	2~200	$8.858\,0 \times 10^{-6} \sim 0.004\,2$
22	以上各种地类	$\log_2 \text{NDVI} = -0.012\,0\log_2(1/\text{scale}) - 1.112\,2$	2.012 0	2~990	$1.069\,7 \times 10^{-5} \sim 0.012\,7$

　　表 7.15 中最合理尺度转换模型不存在的含义为：基于分形理论与五参数指标体系（$r \geq 0.8$、$p < 0.05$、$\text{rlo} \leq r \leq \text{rup}$ 及 Max_Error < 0.05），所研究的样区影像无法获得最合理的 NDVI 连续尺度转换模型，此样区不能用于对应的 ETM+影像 NDVI 结果的真实性检

验。表 7.15 中最合理尺度转换模型不可取的含义为：在五参数指标体系下，从追求模型尺度适用范围更大的角度考虑，基于样区影像可以构建得到最合理的 NDVI 连续尺度转换模型，但是若所得模型的尺度适用范围无法包含 30 m 尺度，则无法利用此模型进行 30 m ETM+影像 NDVI 结果的真实性检验，此时所得的 NDVI 连续尺度转换模型不可取。

　　基于部分样区无法获得满足需要的 NDVI 连续尺度转换模型的原因可分析为：受覆盖范围与下垫面 NDVI 空间异质性状况的限制，在部分样区内无法获得充足、有效的不同上推尺度 NDVI 影像统计样本，继而无法描述不同尺度下 NDVI 影像变化的统计分形特征，即在这些样区内无法利用分形方法构建 NDVI 连续尺度转换模型。

7.4　应用验证与分析

　　通过对各样区所构建模型的分析判定，最终选取了可以符合真实性检验要求的 13 个样区进行应用验证实验。对于符合条件的 13 个样区，基于各样区构建的 NDVI 连续尺度转换模型分别计算 30 m 尺度影像的 NDVI 模型值，同时计算 ETM+影像（30 m）上相同样区的 NDVI 值。此外，由 5.3.1 小节可知，考虑到所构建模型在 NDVI 真实性检验中的应用误差的绝对值≤5%，为精确分析 ETM+的 NDVI 影像是否可以通过真实性检验，参考式（5.8）需要计算各样区影像（NDVI $_{模型值}$－NDVI $_{影像值}$）/NDVI $_{影像}$值的结果，通过比较此比值是否在-5%～5%的可接受范围内确定影像是否可通过真实性检验，在此范围内，则通过检验，否则无法通过。对上述数据进行图形化显示，如图 7.4 所示。图 7.4（b）中，可接受的误差上限（upper limit of acceptable error）为 5%，可接受的误差下限（lower limit of acceptable error）为-5%，sample's error for ETM+ image 为 ETM+影像上各样区 NDVI 的误差。

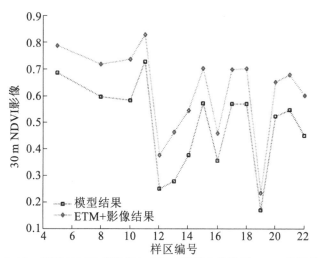

（a）30 m 影像 NDVI 模型值与 ETM+影像上各样区 NDVI 的比较

图 7.4　基于 GEOEYE-1 影像及其 NDVI 连续尺度转换模型的
ETM+影像 NDVI 结果真实性检验[21]

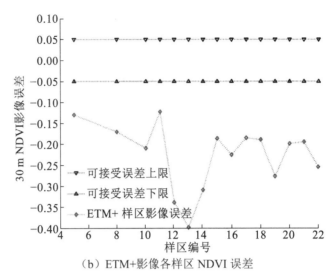

（b）ETM+影像各样区 NDVI 误差

图 7.4　基于 GEOEYE-1 影像及其 NDVI 连续尺度转换模型的
ETM+影像 NDVI 结果真实性检验[21]（续）

对图 7.4 的验证结果进行分析，发现：四种样区范围上，30 m 上 ETM+的 NDVI 影像均值的差异皆不在可接受的误差范围内，说明各样区 NDVI 影像皆存在较大误差，此误差为负，即 ETM+样区的 NDVI 值大于模型所得的"真值"；在所有样区中，最小误差（的绝对值）为 12.22%。最大误差（的绝对值）为 39.83%，实验影像的整体误差（的绝对值）为 25.37%，误差的大小与样区内地类数量及其分布状况、样区范围相关，可概括为：样区内地类越单一，分布越均一，误差越小；样区内地类越复杂，空间异质性越显著，误差越大；当样区范围更大时，误差可能变大，其原因将在下面具体分析。

30 m 尺度上模型值与 ETM+ NDVI 影像均值存在误差的原因可归纳为两类：第一类是内部原因，即 ETM+影像自身的条带补偿处理与大气校正误差等操作导致的 NDVI 误差，进而造成真实性检验结果较差；第二类是外部原因，包含两方面，一方面为 GEOEYE-1 影像自身大气校正所带来的误差，另一方面为进行真实性检验时所进行的若干处理所带来的误差，即基于 GEOEYE-1 影像进行 ETM+的 NDVI 影像检验时需要进行的相对配准、成像参数归一化所带来的差异。下面对两类原因所致误差进行具体分析。

第一类：①利用的 ETM+影像存在坏条带，导致约 25%的影像信息量丢失，条带补偿处理虽然可以部分降低影像信息量的损失，但无法完全克服影像失真，这造成 ETM+影像的 NDVI 结果存在较大的误差。同时，这也是导致图 7.4 中各样区误差大小呈现如此分布的主要原因。误差的大小与样区内地类数量及其分布直接相关，与样区范围间接相关。结合条带补偿处理的算法可知，当样区内地类数量较少、分布均一时，补偿算法所带来的误差更小，预处理后所得样区 NDVI 影像更为准确，故样区在真实性检验时误差更小；而当样区内地类数量多、空间异质性显著时，补偿算法所带来的误差则更大，预处理后所得样区 NDVI 影像不够准确，故样区在真实性检验时误差更大；样区范围越大，样区内包含更多地类数量、更为异质的空间分布的可能性越大，这将间接导致样区的 NDVI 值误差变大。②ETM+影像的大气校正精度会产生一定的误差,虽然研究中已尽可能搜集影像成像时的诸多地表、大气等成像条件,但像地表的反射特性、大气模式、气溶胶模式等仍是采用 ENVI FLAASH 模块中所提供的标准模式,这给大气校正结果造成一定的误差,但仍可以接受。若实际中有条件测定地表的反射模式、大气模式与气溶胶模式中的关键参数等,输入相关大气校正软件可以获得更为精确的结果。比较两种误差成因,认为条带缺失与补偿处理的有限作用是造成 ETM+ 的 NDVI 影像质量较低、误差较大的主要原因。

第二类:①GEOEYE-1 影像大气校正所带来的误差分析同上,认为此误差影响有限,可以接受。若要提高其大气校正精度,一是同前面所述获取尽可能多的影像成像时的重要参数;二是对于 2 m GEOEYE-1 影像,其大气校正时邻近效应的影响较大,若能综合考虑沙田半岛复杂的下垫面状况及其海陆交界的特性,建立顾及多次散射的精确邻近效应模型将获取更好的大气校正效果[22],当然其具体实施需要另外单独研究。②对于因真实性检验需要而进行的两幅影像的相对配准与成像参数归一化处理所带来的误差,进行如下分析。两类传感器自身的定位精度较高,且由于两者空间分辨率相差较大,不易寻找相同的控制点,在经过细致的地理链接检查的条件下,认为两类影像地理位置对应很好,故未做相对配准。而且书中整体验证的方法也在一定程度上消除了由局部几何匹配精度不高所带来的影响。当然,若是在研究中引用尺度不变特征变换(scale-invariant feature transform,SIFT)等方法进行空间分辨率相差较大的两幅影像的精确匹配,则实验效果更好。关于成像参数归一化所带来的误差,根据 7.1 节所述可知,基于 GEOEYE-1 进行 ETM+ 的 NDVI 影像真实性检验时,已经进行了光谱归一化操作,且成像几何归一化与时相归一化的误差较小,故认为由于成像参数归一化所带来的真实性检验误差较小,可以接受。

综上所述,认为 ETM+ 的 NDVI 影像存在较大误差,其中实验区整幅影像的 NDVI 结果相对于"真值"存在约 25% 的误差。这使 ETM+ 的 NDVI 影像只能适用于实验研究,而不适宜将其 NDVI 产品直接应用于实际中。同时,这也证明了 NDVI 连续尺度转换模型在真实性检验中的有效性。

7.5　讨　　论

通常在进行反演量尺度转换模型验证时,会选择低分辨率遥感影像,如 MODIS 影像。然而,由 7.4 节可知,成像几何归一化的精度对于尺度转换模型的验证影响很大。MODIS属于摆扫成像,在成像时观测天顶角自-55°至 55°不断变化。若利用该影像对常见的Landsat、GEOEYE-1 等下视或近下视观测影像所构建的 NDVI 连续尺度转换模型进行验证,不同传感器影像间的成像几何归一化将是一个比较大的问题。而目前,这一问题的解决仍是难点与热点。故在基于分形理论探索研究 NDVI 连续尺度转换模型构建之初,暂未对这一问题重点研究,故书中未选择 MODIS 影像进行模型应用验证。

此外,需要交代的是,此分形模型是影像整体特征的反映,描述了各尺度影像 NDVI均值间的关系,而非像元间的关系。分形模型所验证的是上推尺度影像 NDVI 均值的准确性。均值是影像的一种十分重要的统计特征，整体验证的方法在已有的基于分形理论的 LAI 尺度转换研究中[23-24]也有使用，它仍然是一种可信的方法。

虽然上述基于影像均值特征的整体验证方法是一种可信的方法，但对于反演量影像而言单一的均值特征又是不完备的。如何综合利用多种影像统计特征，甚至建立反演量连续空间尺度上像元级转换关系，对于更精确地进行真实性检验具有重要意义。这里探索性地提出一种基于上述连续尺度转换模型的像元级验证的方法，其具体操作流程如下：

（1）基于尺度转换模型可得到不同上推尺度 NDVI 影像均值[由式（5.3）计算，可定义为 Mean_NDVI$_{上推尺度影像}$]与基础影像 NDVI 均值（如本章的 Mean_NDVI$_{GEOEYE-1 影像}$）间定量转换关系（如本章的 Mean_NDVI$_{上推尺度影像}$ / Mean_NDVI$_{GEOEYE-1 影像}$）；

（2）基于基础 NDVI 影像[如本章的 NDVI$(i, j)_{GEOEYE-1 影像}$，其中 i、j 代表像元的行、列号]利用像元平均方法进行融合，得到待检验尺度上的低分辨率 NDVI 融合影像[如本章的 NDVI$(i', j')_{融合影像}$，其中 i'、j' 代表像元的行、列号]；

（3）对得到的低分辨率融合影像运用上述转换关系进行计算，则可以得到像元级的低分辨率 NDVI 影像"真值"[可记为 NDVI$_{scaling}$，在本章它等于 NDVI$(i', j')_{融合影像}$.×（Mean_NDVI$_{上推尺度影像}$ / Mean_NDVI$_{GEOEYE-1 影像}$），其中.×代表点乘，即低分辨率融合 NDVI 影像各像元皆进行此相乘运算]；

（4）比较此低分辨率 NDVI 影像"真值"（NDVI$_{scaling}$）与某一传感器低分辨率 NDVI 影像（如本章的 NDVI$_{ETM+影像}$）的相关度，分析、获得真实性检验结论。

以上述第 21 个样区为例（GEOEYE-1 影像为 1 500 像元×1 500 像元，ETM+ 影像为 1 500 像元×1 500 像元）进行真实性检验实验。依照上述像元级真实性检验流程，基于 2 m GEOEYE NDVI 影像可转换得到 30 m NDVI 影像"真值"为 NDVI$(i', j')_{30 m 融合影像}$.×（0.544 9 / 0.547 442），将其作为真实性检验的参考影像，如图 7.5（a）所示。图 7.5（b）则为对应的待检验的 ETM+ NDVI 影像。

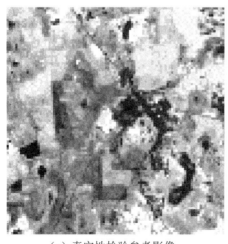 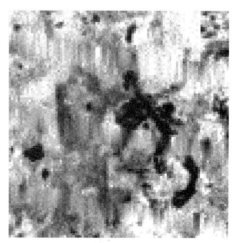

　　　　（a）真实性检验参考影像　　　　　　　　　　（b）ETM+ NDVI 影像

图 7.5　基于 NDVI 连续尺度转换模型的 ETM+ NDVI 影像像元级真实性检验[10]

　　首先目视观察图 7.5 中两幅影像,发现:图 7.5(a)中由 GEOEYE-1 NDVI 影像转换所得影像纹理更为清晰,所包含信息更为丰富;而图 7.5(b)中影像由于受到 ETM+影像条带补偿预处理的影响,影像整体存在明显的平滑、模糊现象,影像整体质量较差。同时,计算得到两幅影像的相关系数为 0.852 9,从真实性检验的要求分析认为两幅影像的相似程度并非足够高。以上分析同样证明了 ETM+ NDVI 影像整体存在较大的误差,该产品不适宜直接应用于实际中。

　　对像元级真实性检验的流程做进一步分析,可知:该验证方法的精度与步骤(3)中的“低分辨率 NDVI 融合影像”的获得密切相关,步骤中所用的像元平均的方法可能使所得融合影像有欠精确,进而为真实性检验结果带来一定的误差。融合方法的问题在接下来的工作中有待进一步研究解决。

参 考 文 献

[1] MILNE B T, COHEN W B. Multi-scale assessment of binary and continuous land cover variables for MODIS validation, mapping and modeling applications[J]. Remote Sensing of Environment, 1999, 70(1): 82-98.

[2] MORISETTE J T, PRIVETTE J L, JUSTICE C O. A framework for the validation of MODIS land products[J]. Remote Sensing of Environment, 2002, 83: 77-96.

[3] 刘良明, 梁益同, 马慧云, 等. MODIS 和 AVHRR 植被指数关系的研究[J]. 武汉大学学报(信息科学版), 2004, 29(4): 307-310.

[4] 冯锐, 纪瑞鹏, 武晋雯, 等. FY3_MERSI 和 EOS_MODIS 归一化植被指数差异分析[J]. 中国农学通报, 2010, 26(19): 359-362.

[5] 宋富强, 康慕谊, 杨朋, 等. 陕北地区 GIMMS_SPOT_VGT 和 MODIS 归一化植被指数的差异分析[J]. 北京林业大学学报, 2010, 32(4): 72-80.

[6] LIU Y, IIIYAMA T, KIMURA R, et al. Temporal influences on Landsat-5 Thematic Mapper image in visible band[J]. International Journal of Remote Sensing, 2006, 27(15): 3183-3201.

[7] 余晓敏, 陈云浩. 基于改进的自动散点控制回归算法的遥感影像相对辐射归一化[J]. 光学技术, 2007, 33(2): 185-188.

[8] 汪小钦, 叶炜, 江洪. 基于光谱归一化的阔叶林 LAI 遥感估算模型适用性分析[J]. 福州大学学报(自然科学版), 2011, 5: 713-718.

[9] 叶炜, 汪小钦, 江洪, 等. 基于光谱归一化的马尾松 LAI 遥感估算研究[J].遥感信息, 2011, 5: 52-58.

[10] 栾海军. 基于分形理论的 NDVI 连续空间尺度转换模型构建[D]. 南京: 南京大学, 2013.

[11] 李小文, 王锦地, STRAHLER A H. 非同温黑体表面上 Planck 定律的尺度效应[J]. 中国科学(E 辑): 技术科学, 1999(5): 422-426.

[12] 李小文,王锦地, STRAHLEr A H. 尺度效应及几何光学模型用于尺度纠正[J].中国科学 E 辑: 技术科学, 2000(s1): 12-17.

[13] 李小文, 王祎婷. 定量遥感尺度效应刍议[J]. 地理学报, 2013, 9: 1163-1169.

[14] 魏宏伟. HJ-1A 卫星不同 CCD 数据比对及归一化研究[D]. 南京: 南京大学, 2013.

[15] WANNER W, LI X, STRAHLER A H. On the derivation of kernels for kernel-driven models of bidirectional reflectance[J]. Journal of Geophysical Research: Atmospheres (1984–2012), 1995,

100(D10): 21077-21089.

[16] STRAHLER A H, MULLER J P, MODIS SCIENCE TEAM MEMBERS, et al. MODIS BRDF/albedo product: Algorithm theoretical basis document version 5.0[R/OL]. (April, 1999)[2019-01-26]. https://modis.gsfc.nasa.gov/data/atbd/atbd_mod09.pdf.

[17] 龙飞, 赵英时. 多角度 NOAA 卫星数据地面 BRDF 反射率的大气校正[J]. 遥感学报, 2002, 6(3): 173-178.

[18] 刘思含, 刘强, 柳钦火, 等. 多角度多波段核函数及其在 BRDF 研究中的应用[J]. 北京师范大学学报(自然科学版), 2007, 43(3): 309-313.

[19] LUAN H J, CHEN R W, ZHANG X X, et al. Bidirectional Reflectance Distribution Function Estimation of Typical Ground Objects in Xiamen and Its Availability in Validation of Normalized-Difference Vegetation Index[C]// Proceedings of 2016 9th International Congress on Image and Signal Processing, BioMedical Engineering and Informatics. New York, IEEE, 2016: 625-631.

[20] 唐勇. 基于多源遥感数据的植被指数角度归一化方法研究[D]. 北京: 中国科学院研究生院, 2010: 10.

[21] 栾海军, 章欣欣, 田庆久, 等. Landsat-7 ETM+归一化差分植被指数影像真实性检验[J]. 遥感信息, 2016, 31(6): 138-146.

[22] 栾海军, 余涛, 田庆久, 等. 高分辨率静止轨道遥感卫星可见光及近红外波段邻近效应建模及分析[J]. 遥感信息, 2013, 28(3): 14-19, 25.

[23] ZHANG R H, TIAN J, LI Z L, et al. Spatial scaling and information fractal dimension of surface parameters used in quantitative remote sensing[J]. International Journal of Remote Sensing, 2008, 29: 5145-5159.

[24] ZHANG R H, TIAN J, LI Z L, et al. Principles and methods for the validation of quantitative remote sensing products[J]. Science in China series D: Earth Sciences, 2010, 53: 741-751.

第 8 章 基于分形理论的遥感地表参数降尺度转换及时空尺度转换耦合

8.1 基于分形理论的遥感地表参数降尺度转换

8.1.1 概 述

梁顺林[1]曾对当前的一些降尺度转换方法做过综述,包括:线性分解方法和非线性统计分解方法、产生连续区域的方法、NDVI时间序列分解、多分辨率数据融合及全球气候模型(global climate model, GCM)产品的统计降尺度方法等。进一步,Gao 等[2]、Zhu 等[3]、Huang 等[4-5]在时空融合地表反射率降尺度方面做了系统而有成效的工作,成为研究热点。而 Wang 等[6-8]和 Shi 等[9]融合光谱空间特征在亚像元制图方面也取得了很好的成果。但是在这些研究中,从动力学角度考量尺度转换过程的很少,而基于分形 IFS 的地表参数降尺度转换研究对此进行了关注与探索。

作为数学分支的分形几何学,因为具有完整、严谨的理论体系,可针对自然现象的多尺度特性的表现、本质及产生原因进行系统研究。在分形几何理论体系中,除了大家所熟悉的分形现象描述与分形量测以外,数学分形产生的内在原因或者动力学过程(相互作用、反馈和迭代，以 IFS 为代表）、统计分形产生的物理原因（如临界或突变）也是分形几何的重要研究内容，分形几何学已成为非线性动力学研究的一部分[10]。虽然当前分形动力学的研究刚刚起步，尚有许多问题等待解决，但不可否认其在动力学研究中的潜在价值与意义。

在定量遥感研究中，分形方法较多地应用于主动雷达影像、雪地和海洋影像等地表形态（空间结构）的刻画[11]，但是其在尺度转换研究中也有重要应用，且被进一步深化与拓展。利用分形进行地表参数尺度转换建模通常包含两个重要的研究内容：①分形特征的表现，即分形度量，也就是研究对象的分维数。例如，Zhang 等[12-13]利用信息维方法进行 LAI 尺度转换分维特性描述，栾海军等[14-16]、Wu 等[17]分别利用相似维方法对 NDVI、LAI 升尺度转换分维特性进行一系列的研究。②分形现象的内在本质，即产生的动力学原因，这是地表多因素作用的综合效果。分形产生的数学基础为 IFS，Kim 等[18]融合土壤水分尺度转换的动力学因子（土壤含沙量、植被含水量）构建了 r_0 函数，进而建立了描述土壤水分降尺度的 IFS，转换效果良好。所建立模型可描述土壤水分尺度转换的动力学过程，具备物理意义，展示了基于分形 IFS 进行地表参数降尺度转换的优势。总体上，目前对于分形的动力学原因探究较少。数学中的分形 IFS 是以研究对象整体为单位进行连续迭代计算的[10]，而遥感地表参数影像是以各局部像素为单位进行的。这就决定了数学中的 IFS 垂直转换因子（r_0 函数）通常为常量[19]，而遥感地表参数（如土壤水分）的垂直转换因子则是根据各个像元处的物理要素（如土壤含沙量、植被含水量）的空间、时间变化而动态变化[18]。这是 IFS 可以描述地表参数的尺度转换动力学过程、模型具备一定物理意义的原因。垂直转换因子用于描述地表参数值的尺度间转换方式，是确定 IFS 的关键。而不同地表参数由于空间分布和尺度转换的影响因素（或者动力学因子）不同，垂直转换因子（r_0 函数）所包含的变量类型及函数形式也不相同。如何确定 r_0 函数是确定 IFS 的难点，也是 IFS 在定量遥感地表参数尺度转换描述中应用较少的重要原因。故可考虑基于分形 IFS 建立 NDVI 降尺度转换模型，以描述其尺度转换动力学过程，这一研究具有较大的研究空间，且具有重要意义。下面对其实现方式进行初步探讨。

8.1.2　实现方法

如何基于分形 IFS 建立 NDVI 降尺度转换模型？这一问题包含下面的要点：首先，针对 NDVI，如何确定影响 NDVI 空间分布和尺度效应的敏感因子；其次，如何利用此敏感因子建立 IFS 中垂直尺度转换因子（r_0 函数），并确定 IFS，实现 NDVI 降尺度转换；最后，如何评估降尺度转换结果。针对这些要点，其解决方法描述如下。

1. 确定敏感因子

根据文献研究描述可知，水体为影响 NDVI 空间分布与尺度效应的重要参数，故可确定像元水体参数为 NDVI 尺度转换的重要动力学因子之一。此外，Wen 等[20]给出了一种小尺度影像到大尺度影像反照率转换的方法，并利用像元地形因子对转换后结果进行校正，结果证明了该方法在崎岖地形下反照率尺度转换时的有效性。考虑到地表反射率与地表反照率的密切关系,且地表反射率是计算 NDVI 的基本参量,故可确定地形因子参数作为 NDVI 尺度转换的重要动力学因子之一,从而确定 NDVI 空间分布与尺度转换中的重要动力学因子是像元水体参数、地形因子。

2. 确定垂直转换因子（r_0 函数），建立 IFS

参考 Kim 等[18]的论文,得到如下计算大尺度地表参数像元降尺度的 IFS 公式[式（8.1）]、水平变换公式[式（8.2）]、垂直变换公式[式（8.3）],利用式（8.1）逐像元滑动计算,可得整幅影像降尺度结果:

$$\text{IFS}^{i,j}\big|_{n,m}\left(x^i,y^j,s^{ij}\right)=\left[p_n(x^i),q_m(y^j),I_{n,m}(x^i,y^j,s^{ij})\right] \tag{8.1}$$

$$\begin{cases} p_n(x^i)=x^i_{n-1}+\alpha_0(x^i-x^i_0) \\ q_m(y^j)=y^j_{m-1}+\alpha_0(y^j-y^j_0) \end{cases} \tag{8.2}$$

$$I_{n,m}(x^i,y^j,s^{ij})=\left[e_{n,m}x^i+f_{n,m}y^j+g_{n,m}x^iy^j+r_1(x^i,y^j)s^{ij}+k_{n,m}\right]\times r_2(x^i,y^j) \tag{8.3}$$

式中:$\text{IFS}^{i,j}\big|_{n,m}\left(x^i,y^j,s^{ij}\right)$ 是地表参数大尺度像元降尺度至 $n\times m$ 维小尺度影像时第 (i,j) 处像元的地表参数;x^i、y^j、s^{ij} 分别是该像素三维数据的 x 方向坐标 $p_n(x^i)$、y 方向坐标 $q_m(y^j)$、地表参数值 $I_{n,m}(x^i,y^j,s^{ij})$;x^i_{n-1}、x^i_0 分别是 $n\times m$ 维小尺度影像中第 (i,j) 处像元的 x 方向起始坐标、大尺度像元的 x 方向起始坐标;α_0 是降尺度的尺度缩放比例（该数值 $\leqslant 1$）;$e_{n,m}$、$f_{n,m}$、$g_{n,m}$、$k_{n,m}$ 是大尺度像元左下角点和右上角点的 x 和 y 坐标、降尺度地表参数数据和垂直尺度转换表面函数的函数;$r_1(x^i,y^j)$、$r_2(x^i,y^j)$ 是该垂直尺度转换表面函数中两种不同的垂直转换因子。式（8.1）～式（8.3）中未呈现的参数或因子可参考文献[18],这里不再阐述。

下面重点阐述 NDVI 对上述垂直变换公式所做的改进,即 r_0 函数的确定[式（8.3）中,$r_1(x^i,y^j)$ 与 $r_2(x^i,y^j)$ 函数形式相同,但自变量系数有差异]。

基于上述敏感因子,可构建垂直转换因子（r_0 函数）[21]:

$$r=\gamma\times S_{\text{water}}+\beta\times s+\delta \tag{8.4}$$

式中:S_{water} 是像元水体参数;s 是地形信息,考虑到 r_0 函数的数量级,将分别用归一化水体指数（normalized difference water index, NDWI）、坡度（由 DEM 影像计算）代表像元中水体作用、地形影响;γ、β 分别是两参数的系数;δ 是调节常数。

两个不同数量级的 r_0 函数如下[21]:

$$r_1=\gamma_1\times S_{\text{water}}+\beta_1\times s+\delta_1 \tag{8.5}$$

$$r_2=\gamma_2\times S_{\text{water}}+\beta_2\times s+\delta_2 \tag{8.6}$$

r_0 函数构建完成后,结合其他已知条件,则式（8.1）～式（8.3）可解算,NDVI 降尺度转换可实现。

3. 降尺度转换结果评估

为了获取更为精确的降尺度转换结果，若低分辨率影像与目标分辨率影像分辨率相差太大（如由 250 m MODIS NDVI 降尺度至 30 m NDVI），将采取分层次降尺度的方法，即先由低分辨率地表参数影像降尺度至某一中间分辨率影像，继而由此中间分辨率影像进一步降尺度至目标分辨率影像，这样可以在很大程度上保障结果的精度。

参考 Kim 等[18]的研究，将使用最大值（max）、最小值（min）、方差（var）、标准差（std）等统计指标评估降尺度转换结果（与中高分辨率 NDVI 影像相比）的准确度。

8.1.3　讨论与结论

综上所述，虽然分形 IFS 在遥感地表参数降尺度转换模型建立方面应用的广度与深度仍显不足，但是该方法内在的物理意义及动力过程表达优势使其具备较大的应用潜力，有待进一步挖掘。该方法有望成为定量遥感地表参数降尺度转换一种新的普适性方法，为其提供新的研究手段。

在严格意义上，基于中高分辨率地表参数影像进行低分辨率地表参数影像的真实性检验时，检验和校正中高分辨率地表参数影像的真实性是保证检验结果真实、可信的前提条件[22-23]。中高分辨率影像应经过混合像元分解至测量设备可精确测量的尺度。但是考虑到升尺度转换过程中融入混合像元分解，即升降尺度转换同时进行将使问题的复杂程度与不确定性增加，目前，通常未进行混合像元分解操作，而是将检验的关键环节定位于地表参数的升尺度转换。这种情况下，通常认为利用中高空间分辨率影像升尺度验证低空间分辨率地表参数即可实现检验目的[23]。理论上，对低空间分辨率影像降尺度，并与中高空间分辨率影像地表参数比对，也可达到低分辨率产品验证的目的。而对于两种验证方法，应以升尺度验证结果为主，因为基于泰勒级数展开方法的 NDVI 尺度转换模型可获取高精度的升尺度转换结果；且应以降尺度验证结果为辅，它可作为逆向论证，且基于分形 IFS 的降尺度转换模型可以描述 NDVI 尺度转换的动力学过程。低分辨率遥感地表参数升降尺度转换协同检验，有助于获取更为全面、精确的评价结果。

8.2　基于分形理论的遥感地表参数时空尺度转换耦合

8.2.1　概　　述

时相是遥感影像的一种重要特性。当时相发生变化时，影像内地物光谱随之发生变化。继而，基于光谱信息计算得到的参量也将发生变化，如地表反射率、NDVI 等。遥感地表参数的时相响应将进一步反映在其空间尺度转换模型的变化上，即空间尺度效应的时相特性。

为定量刻画空间尺度效应的时相特性，即建立时空尺度转换耦合模型（或称为时空融合模型），学者融合低空间分辨率影像高时相分辨率特点与中等空间分辨率影像分辨率较高的优势，对地表反射率[24]、地表温度[25-26]、植被指数[27]和 LAI[28]等地表参数时空尺度融合进行了一系列的研究，呈现出体系化的理论与应用成果，黄波等[29]对此做了综述。从时空融合的理论基础（时相变化模型的空间尺度一致性、空间降尺度模型的时间一致性）到时空融合算法的类型划分（基于地物组分的时空融合、基于地表空间信息的时空融合、基于地物时相变化的时空融合、组合性的时空融合），再到现有研究所遇到的关键问题和挑战（多源遥感影像的成像几何与辐射特性差异、混合像元模型的复杂性、地物时相变化模型的复杂性等），以及未来的可能发展趋势（算法的通用性和鲁棒性提升），他们做了细致深入的阐释，对目前时空融合的发展有了较全面的认识。实际上，除了此方法，多重分形方法也有解决上述问题的重要潜力[18,30]。此前，Zhang 等[12-13]利用信息维方法进行 LAI 尺度转换分维特性描述，栾海军等[14-16]、Wu 等[17]利用相似维方法分别对 NDVI、LAI 升尺度转换分维特性进行了一系列的研究。上述研究印证了分形理论与方法在遥感地表参数连续尺度转换模型构建方面的优势。而多重分形作为分形方法的一种，在地表参数时空尺度转换模型（有时也称为时空融合模型）建立方面具有重要价值和潜力。Kim 等[18]曾提出利用多重分形方法建立多时相遥感土壤水分空间降尺度转换模型的思想，以描述土壤水分空间降尺度转换的时相特性，但是未做具体研究。参考已有知识，下面以 NDVI 为例进行分析，阐述如何基于多重分形理论与方法建立其时空尺度转换耦合模型（或时空融合模型）[21]。

8.2.2　实现方法

NDVI 作为反映植被生长状态及植被覆盖度的最佳指示因子，具有典型的物候学特征。这意味着：在地表覆被类型不变的同一地区，在植物不同的生长期，其生理特性及外在形态皆可发生显著变化，而这种变化将直接反映在影像内地表覆被光谱、NDVI 的变化。进而，基于不同生长期（即不同时相）的遥感影像所构建的 NDVI 空间尺度转换模型也将发生变化。如何有效地反映遥感影像时相特性对此模型构建的影响，进而构建出可以融合地表覆被物候学特征、更为普适的全生长期 NDVI 空间尺度转换模型，即 NDVI 时空尺度转换耦合模型？这一问题具有重要的研究价值。参考已有知识，这里给出 NDVI 时空尺度转换耦合模型建立的具体方法[9]：分析研究区下垫面状况，确立研究区主体覆被的类型，并根据其物候学知识选取尽可能多的、可细致代表植被整个生长期各重要"节点"的低空间、中高空间分辨率影像；基于分形方法分别构建不同生长期"节点"的 NDVI 空间降尺度转换模型；根据多重分形理论与方法，把时相作为分维算法中的一个因子，将对应于各生长期的模型进行"融合"，获得统一的、全生长期 NDVI 尺度转换模型（即 NDVI 时空尺度转换耦合模型）。此时，时相（即不同生长期）已作为一个参量体现在模型中，此模型与基于单一时相影像构建得到的降尺度转换模型相比也更普适。若要获取植被生长期间某一时相的中高空间分辨率 NDVI 影像，将对应的时相及该时相低空间分辨率 NDVI 影像代入模型计算即可。当然，这一方法要求研究对象具有较显著的时相规律或时间周期性，此时建立的时空尺度转换耦合模型才更准确。

8.2.3　讨论与结论

虽然多重分形在理论上具备建立遥感地表参数时空尺度转换耦合模型的优势，但是该方法的理论与实施更为复杂，目前的研究实例很少。该方法有望成为遥感时空尺度转换耦合（时空融合）的一种新方法，值得进一步深入研究。

参 考 文 献

[1] 梁顺林. 定量遥感[M]. 范闻捷, 译. 北京: 科学出版社, 2009.

[2] GAO F, MASEK J, SCHWALLER M, et al. On the blending of the landsat and MODIS surface reflectance: Predicting daily landsat surface reflectance[J]. IEEE Transactions on Geoscience and Remote Sensing, 2006, 44 (8): 2207-2218.

[3] ZHU X L, CHEN J, GAO F, et al. An enhanced spatial and temporal adaptive reflectance fusion model for complex heterogeneous regions[J]. Remote Sensing of Environment, 2010, 114 (11): 2610-2623.

[4] HUANG B, ZHANG H K, SONG H H, et al. Unified fusion of remote sensing imagery: Generating simultaneously high-resolution synthetic spatial-temporal spectral earth observations[J]. Remote Sensing Letters, 2013, 4: 561-569.

[5] HUANG B, ZHANG H K. Spatio-temporal reflectance fusion via unmixing: Accounting for both phenological and land-cover changes[J]. International Journal of Remote Sensing, 2014, 35(16): 6213-6233.

[6] WANG Q, SHI W, ATKINSON P M, et al. Downscaling MODIS images with area-to-point regression kriging[J]. Remote Sensing of Environment, 2015, 166: 191-204.

[7] WANG Q, ATKINSON P M, SHI W. Indicator cokriging-based subpixel mapping without prior spatial structure information[J]. IEEE Transactions on Geoscience and Remote Sensing, 2015, 53(1): 309-323.

[8] WANG Q, ATKINSON P M, SHI W. Fast sub-pixel mapping algorithms for sub-pixel resolution change detection[J]. IEEE Transactions on Geoscience and Remote Sensing, 2015, 53(4): 1692-1706.

[9] SHI W, WANG Q. Soft-then-hard sub-pixel mapping with multiple shifted images[J]. International Journal of Remote Sensing, 2015, 36(5): 1329-1348.

[10] 陈颙, 陈凌. 分形几何学 [M]. 2 版. 北京: 地震出版社, 2005.

[11] RICCIO D, RUELLO G. Synthesis of fractal surfaces for remote-sensing applications[J]. IEEE Transactions on Geoscience and Remote Sensing, 2015, 53(7): 3803-3814.

[12] ZHANG R H, TIAN J, LI Z L, et al. Spatial scaling and information fractal dimension of surface parameters used in quantitative remote sensing[J]. International Journal of Remote Sensing, 2008, 29: 5145-5159.

[13] ZHANG R H, TIAN J, LI Z L, et al. Principles and methods for the validation of quantitative remote sensing products[J]. Science in China Series D: Earth Sciences, 2010, 53: 741-751.

[14] 栾海军,田庆久,顾行发, 等.基于分形理论与GEOEYE-1影像的NDVI连续空间尺度转换模型构建及

应用[J]. 红外与毫米波学报, 2013, 32(6): 538-544, 549.

[15] 栾海军,田庆久,余涛, 等.根据分形理论与五指标评价体系构建 NDVI 连续空间尺度转换模型[J]. 遥感学报, 2015, 19(1): 116-125.

[16] 栾海军,田庆久,余涛, 等.基于分形理论的 NDVI 连续空间尺度转换模型研究[J].光谱学与光谱分析, 2013, 33(7): 1857-1862.

[17] WU L, QIN Q, LIU X, et al. Spatial up-scaling correction for leaf area index based on the fractal theory[J]. Remote Sensing, 2016, 8(3): 197.

[18] KIM G, BARROS A P. Downscaling of remotely sensed soil moisture with a modified fractal interpolation method using contraction mapping and ancillary data[J]. Remote Sensing of Environment, 2002, 83: 400-413.

[19] XIE H P, SUN H Q. The study on bivariate fractal interpolation functions and creation of fractal interpolated surfaces[J]. Fractals, 1997, 5(4): 625-634.

[20] WEN J G, LIU Q, LIU Q H, et al. Scale effect and scale correction of land-surface albedo in rugged terrain[J]. International Journal of Remote Sensing, 2009, 30(20): 5397-5420.

[21] 栾海军, 田庆久, 章欣欣, 等. 定量遥感地表参数尺度转换研究趋势探讨[J]. 地球科学进展, 2018, 33(5): 483-492.

[22] MILNE B T, COHEN W B. Multi-scale assessment of binary and continuous land cover variables for MODIS validation, mapping and modeling applications[J]. Remote Sensing of Environment, 1999, 70(1): 82-98.

[23] MORISETTE J T, PRIVETTE J L, JUSTICE C O. A framework for the validation of MODIS land products[J]. Remote Sensing of Environment, 2002, 83: 77-96.

[24] EMELYANOVA I V, MCVICAR T R, VAN NIEL T G, et al. Assessing the accuracy of blending Landsat-MODIS surface reflectance in two landscapes with contrasting spatial and temporal dynamics: A framework for algorithm selection[J]. Remote Sensing of Environment, 2013, 133: 193-209.

[25] HUANG B, WANG J, SONG H, et al. Generating high spatiotemporal resolution land surface temperature for urban heat island monitoring[J]. IEEE Geoscience and Remote Sensing Letters, 2013, 10(5): 1011-1015.

[26] KIM J, HOGUE T S. Evaluation and sensitivity testing of a coupled Landsat-MODIS downscaling method for land surface temperature and vegetation indices in semi-arid regions[J]. Journal of Applied Remote Sensing, 2012, 6(1): 063569.

[27] OUYANG W, HAO F, SKIDMORE A K, et al. Integration of multi-sensor data to assess grassland dynamics in a Yellow River sub-watershed[J]. Ecological Indicators, 2012, 18(1): 163-170.

[28] ZHANG H K, CHEN J M, HUANG B, et al. Reconstructing seasonal variation of landsat vegetation index related to leaf area index by fusing with MODIS data[J]. IEEE Journal of Selected Topics in Applied Earth Observations and Remote Sensing, 2014, 7(3): 950-960.

[29] 黄波, 赵涌泉. 多源卫星遥感影像时空融合研究的现状及展望[J]. 测绘学报, 2017, 46(10): 1492-1499.

[30] CHEN J M. Spatial scaling of a remotely sensed surface parameter by contexture[J].Remote Sensing of Environment, 1999, 69: 30-42.

展望

第 9 章　遥感影像地类识别与定量遥感结合研究新趋势

遥感影像中,地物类别作为最基本的承载体,呈现出地表反射率等多种内在或外在属性。从本质上讲,各类遥感地表参数应以地物类别为基础,形成相互联系、相互作用、相互制约的统一整体。当观测尺度发生变化时,地类"综合取舍"变化,进而形成不同尺度层级的地表景观格局,与此同时,各类遥感地表参数呈现尺度效应。因此,遥感地类"尺度变化"与地表参数"尺度效应"相伴而生。这是本章所要研讨的遥感地类识别与遥感尺度转换结合研究的理论基础。

下面将从以下两个方面对其进行论述:①融合地表温度信息的遥感影像地类识别优化;②融合地物类别信息的遥感地表参数尺度转换模型建立——以 NDVI 为例。

9.1　融合地表温度信息的遥感影像地类识别优化

在遥感影像地类自动识别中,主要利用光谱特征和结构特征进行识别,仍存在部分地类易混难分现象。大量研究证明地表温度与地表覆盖类型有着一定的相关性,因此通过温度特征可以很好地解决部分地类易混难分现象(例如水体与阴影错分的情况),地表温度特征在遥感影像地类识别优化方面存在重要研究潜力。下面将讨论如何将地表温度影像融入遥感影像地类识别，以对其进行优化。

9.1.1　技术流程

以福建省厦门市为研究区进行实验研究。具体技术流程如图 9.1 所示。

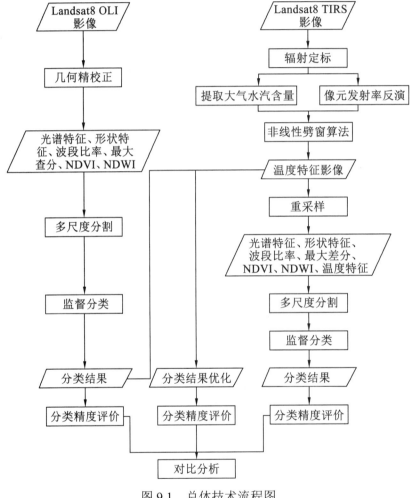

图 9.1　总体技术流程图

9.1.2　研究过程

1. 温度影像提取

热红外地表温度遥感反演方法，主要包括单通道算法、多通道算法、多角度算法、多时相算法、高光谱反演算法及时下被广泛应用的劈窗算法[1]。事实证明在常见的地表温度反演算法中劈窗算法具有较高的精度,因此众多学者在劈窗算法的基础上进行研究以期获得更高精度的地表温度[2]。劈窗算法是地表温度反演中一种广为认可的方法,同时也是MODIS LST 产品的生产算法[3],该产品应用广泛。

　　本研究采用的是 Du 等[4]、Ren 等[5]基于 Landsat8 热红外数据发展的反演地表温度的新型劈窗算法,该温度反演算法为双通道非线性劈窗算法。该算法相对于单通道算法不需要获取外界大气和其他参数,且具备较好的反演精度,而传统的劈窗算法由于 TIRS 第11 波段数据精度不稳定,地表温度反演精度受到影响。

　　上述反演算法的实现,即温度影像的提取是通过采用任华忠教授团队所开发的地表温度反演软件 PKU-LSTFromL8 完成的。经过实验该软件能够提取较高精度的温度影像,获取的地表温度影像示例如图 9.2 所示。

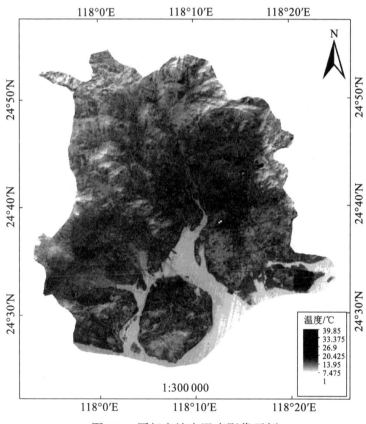

图 9.2　厦门市地表温度影像示例

2. 影像分类与结果分析

　　本次研究将对建设用地、阴影、水体、林地、农田、滩涂、沙地、裸地八种地类进行影像分类。利用 eCognition 软件,结合光谱差异分割的多尺度分割算法进行分割与分类。

　　本次研究使用技术流程图中三种分类策略对研究区影像进行分类,将三种分类结果的分类精度和 Kappa 系数进行统计,结果如表 9.1 所示。

表 9.1　各分类方法的分类精度和 Kappa 系数

分类方法	分类精度/%	Kappa 系数
结合多特征集的面向对象分类	71.3	0.55
利用温度影像对分类结果进行优化	73.3	0.59
结合温度和多特征集的面向对象分类	75.0	0.61

由表 9.1 可得如下结果：①结合多特征集的面向对象分类结果的分类精度和 Kappa 系数分别为 71.3%和 0.55；②在结果①的基础上经过温度影像的优化后分类精度和 Kappa 系数分别提高了 2.0%和 0.04，达到 73.3%和 0.59；③结合温度和多特征集的面向对象分类结果与结果①相比分类精度和 Kappa 系数分别提高了 3.7%和 0.06，达到 75.0%和 0.61。结果表明，遥感影像选取的特征因子不同，分类结果也会不同，温度影像能一定程度提高地物识别的精度。

9.1.3　讨论与结论

由上述实验可知，遥感地表参数及其尺度转换融入遥感地类自动识别具有较大意义和重大潜力，值得进一步深入研究。

但是，研究中仍存在一定问题：①温度影像提取利用的是非线性劈窗算法，获取的温度影像精度有一定限制；②遥感影像分割采用的是结合光谱差异的多尺度分割，就精度而言它并非最优的分割方法；③本次研究的数据为 30 m 分辨率 Landsat8 遥感影像，考虑到目前城市遥感中高空间分辨率遥感影像的应用越发广泛，后续有必要进行此类影像地类识别实验；④最终的分类结果仍未较好解决道路与建设用地的混淆问题。上述问题皆有待后续进一步着力解决。

9.2　融合地物类别信息的 NDVI 升尺度转换

本节将融合地物类别信息进行 NDVI 升尺度转换研究。空间升尺度转换因可用于解决如反演产品真实性检验[6-7]等重要问题，受到广泛关注。学者曾对地表反照率[8-9]、BRDF[10]、LAI[11-12]、GPP[13]、光合作用光利用效率[14-15]、景观物候学参数[16-17]等多种遥感地表参数的升尺度转换进行研究。

一些学者利用统计学方法进行遥感地表参数（升）尺度转换研究。以 NDVI 为例，Aman 等[18]运用数量统计方法，发现高空间分辨率上 NDVI 平均值与低空间分辨率上相应位置的 NDVI 值基本呈线性关系。Bian 等[19]研究了空间尺度对植被生物量与地形因子之间关系的影响，分析了植被指数与高程、坡度和坡向等地形因子之间的相关性，并用半方差和分形方法来描述空间尺度的依赖范围。研究结果表明：地形因子与植被生物量之间的关系随空间尺度的变化存在明显的差异。Friedl 等[20]采用模拟数据和地面数据分析了 LAI 在亚像元尺度上的空间异质性对 LAI、光合有效辐射比率、NDVI 等地表参数的影响，对传感器进行正则化处理，最后得出结论：NDVI 是尺度不变的，而 LAI 和光合有效辐射比率之间的关系随尺度呈现非线性关系，而 LAI 和 NDVI 之间的关系则近似线性。Van Der Meer 等[21]基于模拟的不同分辨率中分辨率成像光谱仪（medium resolution imaging spectrometer，MERIS）数据，分析了基于不同空间分辨率遥感数据中计算的各种植被指数和地面生物量的尺度效应。Gu 等[22]基于分段回归的方法建立生长季 MODIS 与 Landsat NDVI 间统计关系。虽然统计学方法可以窥探部分尺度转换规律，呈现其一定外在表现形态，可以在实际中较好地解决具体问题，但是本方法基于特定实际成像参数的特点也决定其存在较显著的缺陷，即转换关系的建立需要大量样本数据，且所得转换模型物理意义不明确，模型不适宜推广使用。

　　还有一些学者基于物理模型进行地表反射率或发射率等基础遥感地表参数的尺度转换研究[23-27]，或者进行 LAI 等高级别产品的尺度转换研究[12,28]。但总体来说，由于物理模型数量及精度发展的限制，其研究无法满足需求。

　　另外，还有一些学者利用数学解析的方法进行地表参数（升）尺度转换研究。基于泰勒级数展开的尺度转换模型被认为是一种高精度的普适性尺度转换方法。Hu 等[29]基于此模型设计了"尺不变"算法的框架，并初步分析了 NDVI 的尺度转换算法。Li 等[26-27]基于此模型推演出像元尺度的普朗克定律。Zhang 等[30]基于此方法构建 NDVI 的空间尺度校正模型，并进一步提出一种"尺不变"的 FVC 模型，研究表明该模型在实际应用中反演精度更高。之后，吴骅等[31]将此模型应用于 LAI 尺度效应刻画中，认为利用此方法对低分辨率 LAI 尺度校正后的相对误差小于 1%。而刘艳等[32]进一步基于此模型建立了"点"观测数据到低分辨率遥感产品的尺度转换模型及误差评估方法，并以 LAI 为例进行实验验证。刘良云[33]则从反射率的层次进行 LAI 泰勒级数展开，提高了尺度转换模型的精度。这些研究验证了该方法的有效性。

　　但是，进一步研究 Hu 和 Islam 的"尺不变"算法框架[34]：

$$P_D - P_L = f(\text{variances} \quad \text{covariances}) \tag{9.1}$$

式中：P_D、P_L 分别是以"分布"和"聚合"两个方法所得低分辨率大尺度像元的地表参数，其差代表尺度效应显著程度，由高空间分辨率地表参数影像的统计参数[方差（variances）、协方差（covariances）等]确定。

　　虽然地表参数泰勒级数展开模型在地表参数类别、展开阶数、误差估计、精度提高等方面皆有较大发展，但是由式（9.1）发现：传统的模型从本质上仍然利用影像的基本纹理信息（均值、方差、协方差），在以往研究文献中此类模型往往使用于均一地类。而参考 Chen[34]的观点，复合纹理信息（如地物类别）可以直观反映地表空间异质性，研究尺度效应时融入地物类别信息更为合理[34]：

$$P_D - P_L = f(\text{subcomponent} \quad \text{fractions}) \tag{9.2}$$

P_D、P_L 的含义与式（9.1）相同，不同的是尺度效应的大小由引起尺度效应的本质因素[地表空间异质性，即式（9.2）中各地类组分情况（subcomponent fractions）]确定，这一理念更为合理，且 Chen[34]和 Zhang 等[30]通过实验研究证明了此观点的科学性。故可考虑把直观反映地表空间异质性的地物类别信息融入 NDVI 泰勒级数展开模型，建立适用混合地类的高精度 NDVI 升尺度转换模型，这一思想具有重要研究价值。下面对其实现方式进行了探讨。

9.2.1　实现方法

如何融合地物类别信息建立NDVI泰勒级数升尺度转换模型？这一问题包含下面的要点：首先，如何确定 NDVI 尺度效应的重要影响地类，进而确定遥感影像合适的分类体系；其次，如何将地物类别信息融入 NDVI 泰勒级数展开模型，实现 NDVI 升尺度转换；最后，如何对尺度转换结果进行误差分析。针对这一问题可通过如下步骤初步解决。

1. 确定敏感因子，确定分类体系

Chen[34]和 Zhang 等[30]研究了 NDVI 的空间尺度转换特性，认为 NDVI 具有尺度效应，在像元内包含水体时这一效应更为显著。故确定对 NDVI 尺度效应影响较大的一种典型地物是水体，同时为了研究便利，考虑将地物分为水体和陆地两大类，进而将两个地物类别信息融合 NDVI 泰勒级数展开方法进行 NDVI 尺度转换模型构建。

2. 模型建立

根据 Chen[34]等的观点，相同区域大像元 NDVI 与其中陆地、水体两地类小像元 NDVI 间存在如下关系[35]：

$$\text{NDVI}_{\text{total}} = S_{\text{land}} \text{NDVI}_{\text{land}} + S_{\text{water}} \text{NDVI}_{\text{water}} \tag{9.3}$$

式中：$\text{NDVI}_{\text{total}}$ 是低空间分辨率大像元的 NDVI 值；$\text{NDVI}_{\text{land}}$ 和 $\text{NDVI}_{\text{water}}$ 分别是相同区域陆地、水体的 NDVI 值；S_{land} 和 S_{water} 分别是两地类在大像元内所占的面积比。

对于陆地、水体均一地表，将 $F(p)$ 作为 $\text{NDVI}_{\text{land}}$ 和 $\text{NDVI}_{\text{water}}$ 的共同函数代表，则根据刘良云[33]、刘艳等[32]等研究人员成果，可方便确定对于陆地、水体单一地类大小尺度间转换的差异 $F_{\text{land}}(p) - F_{\text{land}}(\overline{p})$、$F_{\text{water}}(p) - F_{\text{water}}(\overline{p})$，其中 $F_{\text{land}}(p)$、$F_{\text{water}}(p)$ 分别代表大尺度上陆地、水体像元的 NDVI，$F_{\text{land}}(\overline{p})$、$F_{\text{water}}(\overline{p})$ 分别代表它们对应范围内小尺度上陆地、水体像元的 NDVI，其具体计算方法不做赘述。由均一地类化为混合地类后，模型计算时其中存在一个关键点：区分地类后，如何填充单一地类漏洞，使用一维数列的方法，通过 MATLAB 编程可方便计算均值、方差等统计值。

对于陆地、水体混合地类而言，NDVI 尺度转换模型为[35]：

$$F_{\text{total}}(p) - F_{\text{total}}(\overline{p}) = S_{\text{land}}\left[F_{\text{land}}(p) - F_{\text{land}}(\overline{p})\right] + S_{\text{water}}\left[F_{\text{water}}(p) - F_{\text{water}}(\overline{p})\right]$$
$$\approx \frac{1}{2} S_{\text{land}} k_{\text{land}}(\overline{p}) V_{\text{land}} + \frac{1}{2} S_{\text{water}} k_{\text{water}}(\overline{p}) V_{\text{water}} \tag{9.4}$$

其中

$$k_{\text{land}} = F''_{\text{land}}(\overline{p}), \quad k_{\text{water}} = F''_{\text{water}}(\overline{p}), \quad V_{\text{land}} = \frac{1}{A_{\text{land}}} \int (p - \overline{p})^2 \text{d}A_{\text{land}}, \quad V_{\text{water}} = \frac{1}{A_{\text{water}}} \int (p - \overline{p})^2 \text{d}A_{\text{water}}$$

式中：$F''(p)$ 是陆地或水体的 $F(p)$ 函数的二阶偏导数；$\bar{p}$ 是 p 的均值；V 是陆地或水体在区域 A（即大尺度）内近红外、红光波段反射率的方差和协方差共同作用的结果。

3. 误差估计

可参考刘艳等[32]的模型误差估计方差，各均一地类的误差可方便评估。对于陆地、水体混合地类而言，模型总误差为两种地类误差之和[35]：

$$\text{Err}_{\text{total}} = S_{\text{land}}\text{Err}_{\text{land}} + S_{\text{water}}\text{Err}_{\text{water}} \tag{9.5}$$

式中：$\text{Err}_{\text{total}}$ 是包含混合地类的像元尺度转换总误差；Err_{land}、$\text{Err}_{\text{water}}$ 是此混合像元内陆地、水体分别带来的误差；S_{land}、S_{water} 所代表含义与式（9.3）相同。

9.2.2　讨论与结论

需要明确的是，虽然现有文献已呈现多种地表参数一元或者二元的泰勒级数展开模型，但是泰勒级数展开模型自一元向二元过渡时，其展开形式及误差估计模型皆有较大变化，现有二元展开模型的数学严密程度有待进一步论证，这也是今后研究的一个关注点。此外，需要注意的是，泰勒级数展开方法也有适用范围，即反演函数连续可导，否则将无法利用该方法。根据 9.2.1 小节表述及式（9.3）～式（9.5）可知，融入地类类别信息的 NDVI 泰勒级数展开模型从本质上与应用于均一地类的该模型是一致的，区别在于 9.2 节方法针对异质性下垫面内不同地类分别基于泰勒级数展开方法进行 NDVI 尺度转换建模，进而根据不同地类所占面积权重对各地类的尺度转换结果做组合，尝试实现异质性地表的更高精度的 NDVI 尺度转换模型构建。不同的遥感地表参数，反演原理与算法可能不同，当反演函数不符合上述泰勒级数展开方法适用条件时，此时需要考虑其他普适性尺度转换方法，如计算几何模型[31]、趋势面[36-37]方法都有重要的应用潜力。

通常，对于 NDVI 等地表参数，因为不同地类的计算模型没有大的差别，且水体是其尺度效应的关键影响因子[30,34]，上述（融合精确地物类别信息的）尺度转换思想的必要性无法充分体现。但是对于计算模型依赖于地物类别的地表参数（如 LAI 等）而言，其必要性可得到完整展现。因为当利用统计模型计算不同地类 LAI 等地表参数时模型不同，对这些地表参数上推尺度需要严格按照上述步骤进行。Shi 等[38]融合地物信息进行 LAI 升尺度转换建模，但其所考虑地类较为简单（植被与非植被两类），未考虑植被不同类别对 LAI 反演模型的重要影响，有待改进。

遥感地类信息融入地表参数尺度转换的重要性不仅体现在升尺度转换中，在地表参数降尺度转换，如精细亚像元制图中也得到充分体现。Wang 等[39-42]和 Shi 等[43]通过光谱约束（混合像元分解）确定亚像元尺度上地物类别，并进一步通过空间约束定位上述地类位置，获取精细亚像元制图结果，在此过程中地物类别的物理属性和几何位置属性得到最大程度挖掘。

以上论述表明，将地物类别信息融入升尺度转换正在成为研究趋势，值得进一步深入研究。

9.3　本章小结

定量遥感研究可突破原有的应用领域与范围,尝试与遥感的另外一个重要研究领域影像地类自动识别相结合。例如,在城市遥感地类自动识别中,影像空间分辨率一般更高,"异物同谱""同物异谱"现象显著,除去传统的辅以地物纹理特征、形状特征、时相特征等属性外,也可考虑挖掘使用地表温度等特征,以此区分比热等物理性质差异大而光谱等特征相似的地物(如阴影与水体)。

以融入地表温度影像优化地类自动识别结果为例进行细致分析。将遥感地表参数(如地表温度)融入中高空间分辨率影像地类自动识别所遇到的一个重要问题是"尺度不匹配",即遥感地表温度影像与分类影像相比通常空间分辨率更低,如何实现上述"融合",可以从三个层次逐步推进[35]。第一,可以将地表温度影像重采样至分类影像的空间分辨率,利用温度的自身特性,对于光谱纹理特征相似的地类(如水体和阴影、部分道路和滩涂)辅助区分,提高影像整体分类精度。由于温度在空间范围内是连续的、渐变的,同一温度扩散形成"不规则面状区域",这在一定程度上削弱了地表温度"重采样"带来的误差。第二,为进一步削弱地表温度"重采样"带来的误差,可利用面向对象方法进行地类自动识别,它可以将分类影像从"像素尺度"提升到基于"特征"的"块尺度",这一尺度与上面所述的地表温度的空间分布特性更吻合。这样,融入地表温度时其"重采样"带来的误差将进一步减弱,9.1 节研究即属于这一情况。第三,在后续研究中,将引入遥感地表温度的空间降尺度技术,以获取与中高分辨率分类影像更为接近的空间分辨率,以便进一步削弱地表温度影像简单"重采样"的不利影响。这方面可借鉴遥感地表温度影像时空融合研究成果[44-45],生成高时空分辨率地表温度影像,为影像地类自动识别优化提供持续、有效的辅助特征。由此可见,遥感地表参数及其尺度转换融入遥感地类自动识别具有较大意义和重大潜力,值得进一步深入研究。

另外,从 9.2 节的分析可见,融入地物类别信息有助于研究尺度转换模型在异质性地表的适用性问题,具有重要意义。对于 NDVI 而言,水体的存在影响重大,将影像分为水体与陆地两地类对于研究 NDVI 尺度效应较充分,尚无法充分体现精细地类融入尺度转换的效果;但是当遥感地表参数的尺度效应对于多种地类比较敏感时,精细地类融入尺度转换的优势也将得到更充分的展现。地物类别信息是地表空间异质性最直观的反映,而后者是遥感地表参数尺度效应存在的根本原因。将地物类别信息融入地表参数尺度转换研究具有重要的理论和实际意义,值得继续深入研究。

可以预见,定量遥感尺度转换研究成果将为遥感影像地类自动识别的发展带来新的机遇;而地物类别信息的融入也将为定量遥感尺度转换研究的发展提供重要推动作用。定量遥感尺度转换与遥感影像地类识别的结合研究将相辅相成,有望成为一种新的发展趋势。

参 考 文 献

[1] 李召良, 段四波, 唐伯惠, 等. 热红外地表温度遥感反演方法研究进展[J]. 遥感学报, 2016, 20(5): 899-920.

[2] 宋挺, 段峥, 刘军志, 等. Landsat8 数据地表温度反演算法对比[J]. 遥感学报, 2015, 19(3): 451-464.

[3] LASKIN D N, MONTAGHI A, NIELSEN S E, et al. Estimating understory temperatures using MODIS LST in mixed cordilleran forests[J]. Remote Sensing, 2016, 8(8): 658.

[4] DU C, REN H, QIN Q, et al. A practical split-window algorithm for estimating land surface temperature from Landsat 8 data[J]. Remote Sensing, 2015, 7(1): 647-665.

[5] REN H, DU C, LIU R, et al. Atmospheric water vapor retrieval from Landsat 8 thermal infrared images[J]. Journal of Geophysical Research: Atmospheres, 2015, 120(5): 1723-1738.

[6] 晋锐, 李新, 马明国, 等. 陆地定量遥感产品的真实性检验关键技术与试验验证[J]. 地球科学进展, 2017, 32(6): 630-642.

[7] 马晋, 周纪, 刘绍民, 等. 卫星遥感地表温度的真实性检验研究进展[J]. 地球科学进展, 2017, 32(6): 615-629.

[8] LIANG S L. Numerical experiments on the spatial scaling of land surface albedo and leaf area index[J]. Remote Sensing Reviews, 2000, 19: 225-242.

[9] LIANG S L, FANG H L, CHEN M Z, et al. Validating MODIS land surface reflectance and albedo products: Methods and preliminary results[J]. Remote Sensing of Environment, 2002, 83(1/2): 149-162.

[10] ROMÁN M O, GATEBE C K, SCHAAF C B, et al. Variability in surface BRDF at different spatial scales (30m-500m) over a mixed agricultural landscape as retrieved from airborne and satellite spectral measurements[J]. Remote Sensing of Environment, 2011, 115: 2184-2203.

[11] TIAN Y H, WOODCOCK C E, WANG Y J, et al. Multiscale analysis and validation of the MODIS LAI product I. Uneertainty assessment[J]. Remote Sensing of Environment, 2002, 83(3): 414-430.

[12] XU X R, FAN W J, TAO X. The spatial scaling effect of continuous canopy Leaves Area Index retrieved by remote sensing[J]. Science in China Series D: Earth Sciences, 2009, 52: 393-401.

[13] CHASMER L, BARR A, HOPKINSON C, et al. Scaling and assessment of GPP from MODIS using a combination of airborne lidar and eddy covariance measurements over jack pine forests[J]. Remote Sensing of Environment, 2009, 113: 82-93.

[14] HILKER T, HALL F G, COOPS N C, et al. Remote sensing of photosynthetic light-use efficiency across two forested biomes: Spatial scaling[J]. Remote Sensing of Environment, 2010, 114(12): 2863-2874.

[15] FLANAGAN L B, SHARP E J, GAMON J A. Application of the photosynthetic light-use efficiency model in a northern Great Plains grassland[J]. Remote Sensing of Environment, 2015, 168: 239-251.

[16] LIANG L, SCHWARTZ M D, FEI S L. Validating satellite phenology through intensive ground observation and landscape scaling in a mixed seasonal forest[J]. Remote Sensing of Environment, 2011, 115(1): 143-157.

[17] BALZAROLO M, VICCA S, NGUY-ROBERTSON A L, et al. Matching the phenology of Net Ecosystem Exchange and vegetation indices estimated with MODIS and FLUXNET in-situ observations[J]. Remote Sensing of Environment, 2016, 174: 290-300.

[18] AMAN A, RANDRIAMANANTENA H P, PODAIRE A, et al. Upscale integration of normalized difference vegetation index: The problem of spatial heterogeneity[J]. IEEE Transactions on Geosciences and Remote Sensing, 1992, 30(2): 326-338.

[19] BIAN L, WALSH S J. Scale dependencies of vegetation and topography in a mountainous environment of Montana[J]. Professional Geographer, 1993, 45: 1-11.

[20] FRIEDL M A, DAVIS F W, MICHAELSEN J, et al. Scaling and uncertainty in the relationship between the NDVI and land surface biophysical variables: An analysis using a scene simulation model and data from FIFE[J]. Remote Sensing of Environment, 1995, 54(3): 233-246.

[21] VAN DER MEER F, BAKKER W, SCHOLTE K, et al. Spatial scale variations in vegetation indices and above-ground biomass estimates: Implications for MERIS[J]. International Journal of Remote Sensing, 2001, 22(17): 3381-3396.

[22] GU Y X, WYLIE B K. Developing a 30-m grassland productivity estimation map for central Nebraska using 250-m MODIS and 30-m Landsat-8 observations[J]. Remote Sensing of Environment, 2015, 171: 291-298.

[23] BECKER F, LI Z L. Surface temperature and emissivity at various scales: Definition, measurement, and related problems[J]. Remote Sensing Reviews, 1995, 12(3-4): 225-253.

[24] LI X W, WAN Z M. Comments on reciprocity in the directional reflectance modeling[J]. Progress in Natural Science, 1999, 8(3): 354-358.

[25] LI X W, WANG J D. The definition of effective emissivity of land surface at the scale of remote sensing pixels[J]. Chinese Science Bulletin, 1999, 44(23): 2154-2158.

[26] LI X W, WANG J D, STRAHLER A H. Scale effect of Planck's law over nonisothermal blackbody surface[J]. Science in China Series E: Technological Sciences, 1999, 42(6): 652-656.

[27] LI X W, WANG J D, STRAHLER A H. Scale effects and scaling-up by geometric-optical model[J]. Science in China Series E: Technological Sciences, 2000, 43 (suppl): 17-22.

[28] FAN W J, GAI Y Y, XU X R, et al. The spatial scaling effect of the discrete-canopy effective leaf area index retrieved by remote sensing[J]. Science in China series D: Earth Sciences, 2013, 56(9): 1548-1554.

[29] HU Z L, ISLAM S. A framework for analyzing and designing scale invariant remote sensing algorithms[J]. IEEE Transactions on Geoscience and Remote Sensing, 1997, 35(3): 747-755.

[30] ZHANG X, YAN G, LI Q, et al. Evaluating the fraction of vegetation cover based on NDVI spatial scale correction model[J]. International Journal of Remote Sensing, 2006, 27: 5359-5372.

[31] 吴骅, 姜小光, 习晓环, 等. 两种普适性尺度转换方法比较与分析研究[J]. 遥感学报, 2009, 13(2): 183-189.

[32] 刘艳, 王锦地, 周红敏, 等. 用地面点测量数据验证 LAI 产品中的尺度转换方法[J]. 遥感学报, 2014, 18(6): 1189-1198.

[33] 刘良云. 叶面积指数遥感尺度效应与尺度纠正[J]. 遥感学报, 2014, 18(6): 1158-1168.

[34] CHEN J M. Spatial scaling of a remotely sensed surface parameter by contexture[J]. Remote Sensing of Environment, 1999, 69: 30-42.

[35] 栾海军, 田庆久, 章欣欣, 等. 定量遥感地表参数尺度转换研究趋势探讨[J]. 地球科学进展, 2018, 33(5): 483-492.

[36] 李小文, 王祎婷. 定量遥感尺度效应刍议[J]. 地理学报, 2013, 68(9): 1163-1169.

[37] 王祎婷, 谢东辉, 李小文. 构造地理要素趋势面的尺度转换普适性方法探讨[J]. 遥感学报, 2014, 18(6): 1139-1146.

[38] SHI Y, WANG J, QIN J, et al. An upscaling algorithm to obtain the representative ground truth of LAI time series in heterogeneous land surface[J]. Remote Sensing, 2015, 7(10): 12887-12908.

[39] WANG Q, SHI W, WANG L. Allocating classes for soft-then-hard subpixel mapping algorithms in units of class[J]. IEEE Transactions on Geoscience and Remote Sensing, 2014, 52(5): 2940-2959.

[40] WANG Q, SHI W, ATKINSON P M, et al. Downscaling MODIS images with area-to-point regression

kriging[J]. Remote Sensing of Environment, 2015, 166: 191-204.

[41] WANG Q, ATKINSON P M, SHI W. Indicator cokriging-based subpixel mapping without prior spatial structure information[J]. IEEE Transactions on Geoscience and Remote Sensing, 2015, 53(1): 309-323.

[42] WANG Q, ATKINSON P M, SHI W. Fast sub-pixel mapping algorithms for sub-pixel resolution change detection[J]. IEEE Transactions on Geoscience and Remote Sensing, 2015, 53(4): 1692-1706.

[43] SHI W, WANG Q. Soft-then-hard sub-pixel mapping with multiple shifted images[J]. International Journal of Remote Sensing, 2015, 36(5): 1329-1348.

[44] HUANG B, WANG J, SONG H, et al. Generating high spatiotemporal resolution land surface temperature for urban heat island monitoring[J]. IEEE Geoscience and Remote Sensing Letters, 2013, 10(5): 1011-1015.

[45] KIM J, HOGUE T S. Evaluation and sensitivity testing of a coupled Landsat-MODIS downscaling method for land surface temperature and vegetation indices in semi-arid regions[J]. Journal of Applied Remote Sensing, 2012, 6(1): 063569.

附　　录

附录 1　遥感影像小波域 DBC 分维数计算方法

```
function [M,time]=win8jianhuawholewavDBC(H1)

time1=cputime;
H1=double(H1);
S=size(H1);
M=zeros(S);

n11=8;
n1=n11/2-1;
n2=n11/2;

SS=[n11,n11];
length=floor(SS(1)/2)-1;
s=zeros(length-1,1);
for i=2:length
    s(i-1)=i;
end

length2=floor((SS(1)-1)/s(2));

 for fr1=n2:S(1)-n2
    for fr2=n2:S(2)-n2
        win=H1(fr1-n1:fr1+n2,fr2-n1:fr2+n2);
        D=win;
        Nr=0;
        for i=1:length2
            for j=1:length2

                zone=D(((i-1)*s(2)+1):(i*s(2)+1),((j-1)*s(2)+
```

```
                1):(j*s(2)+1));
                Zmin=min(min(zone)); Zmax=max(max(zone));
                boxn1=floor(Zmin/s(2))+1;
                boxn2=floor(Zmax/s(2))+1;
                Nr=Nr+boxn2-boxn1+1;
            end
        end
        P=numel(D);
        C=(P^2-Nr^2)/(Nr^2+P^2);
        M(fr1,fr2)=C;
    end
end
for i=1:n2-1
    for j=1:S(2)
        if j<n2
            M(i,j)=M(n2,n2);
        elseif j>S(2)-n2
            M(i,j)=M(n2,S(2)-n2);
        else
            M(i,j)=M(n2,j);
        end
    end
end
for i=n2:S(1)-n2
    for j=1:n2-1
        M(i,j)=M(i,n2);
    end
    for j=S(1)-n1:S(1)
        M(i,j)=M(i,S(2)-n2);
    end
end
for i=S(1)-n1:S(1)
    for j=1:S(2)
        if j<n2
            M(i,j)=M(S(1)-n2,n2);
        elseif j>S(2)-n2
            M(i,j)=M(S(1)-n2,S(2)-n2);
```

```
        else
            M(i,j)=M(S(1)-n2,j);
        end
    end
end

figure,
imagesc(M)
colormap(gray)
axis off
imwrite(M,'F:\whole-wavmulti.tif','Compression','none');

time=cputime-time1;
```

附录 2　遥感影像小波域多重分形分维数计算方法

```
function [M,time]=win8jianhuawholewavmulti(H1)

time1=cputime;
H1=double(H1);
S=size(H1);
M=zeros(S);

n11=8;
n1=n11/2-1;
n2=n11/2;

SS=[n11,n11];
length=floor(SS(1)/2)-1;
s=zeros(length-1,1);
for i=2:length
    s(i-1)=i;
end
r=zeros(length-1,1);
for i=1:length-1
    r(i)=round(SS(1)/s(i));
end

q=-10;

for fr1=n2:S(1)-n2
    for fr2=n2:S(2)-n2
        win=H1(fr1-n1:fr1+n2,fr2-n1:fr2+n2);
        D=win;
        Nr=zeros(1,length-1);
        x=zeros(1,length-1);

        for h=1:length-1
            hang=floor((SS(1)-1)/s(h));
            lie=floor((SS(2)-1)/s(h));
```

```
            nr=zeros(1,hang*lie);
            ur=zeros(1,hang*lie);

            Nr(h)=0;
            x(h)=0;
            for i=1:hang
                for j=1:lie

                    zone=D(((i-1)*s(h)+1):(i*s(h)+1),((j-1)*
                    s(h)+1):(j*s(h)+1));
                    Zmin=min(min(zone)); Zmax=max(max(zone));

                    boxn1=floor(Zmin/s(h))+1;
                    boxn2=floor(Zmax/s(h))+1;

                    nr((i-1)*lie+j)=boxn2-boxn1+1;
                    Nr(h)=Nr(h)+nr((i-1)*lie+j);
                end
            end
            for i=1:hang
                for j=1:lie
                    ur((i-1)*lie+j)=(nr((i-1)*lie+j)/Nr(h))^q;
                    x(h)=x(h)+ur((i-1)*lie+j);
                end
            end
        end
        aa=log((r.^(-1))');
        cc=log(x);
        xo=[ones(size(aa')) aa'];
        B=pinv(xo'*xo)*xo'*cc';

        fd=B(2)/(q-1);
        M(fr1,fr2)=fd;
    end
end

for i=1:n2-1
```

```
    for j=1:S(2)
        if j<n2
            M(i,j)=M(n2,n2);
        elseif j>S(2)-n2
            M(i,j)=M(n2,S(2)-n2);
        else
            M(i,j)=M(n2,j);
        end
    end
end
for i=n2:S(1)-n2
    for j=1:n2-1
        M(i,j)=M(i,n2);
    end
    for j=S(1)-n1:S(1)
        M(i,j)=M(i,S(2)-n2);
    end
end
for i=S(1)-n1:S(1)
    for j=1:S(2)
        if j<n2
            M(i,j)=M(S(1)-n2,n2);
        elseif j>S(2)-n2
            M(i,j)=M(S(1)-n2,S(2)-n2);
        else
            M(i,j)=M(S(1)-n2,j);
        end
    end
end

figure,
imagesc(M)
colormap(gray)
axis off
imwrite(M,'F:\whole-wavmulti.tif','Compression','none');

time=cputime-time1;
```

附录3　构建某一尺度层级 Level 下 NDVI 连续空间尺度转换模型

```
function [level, scale, NDVI_scale, Mean_SHI, D_NDVI_scale,
B_NDVI_scale, r, p, rlo, rup, Diff, Error] = NDVI_scale_each_level
    % level: 某一上推尺度的层级号
    % scale: 某一上推尺度
    % NDVI_scale: 某一上推尺度 NDVI 影像均值
    % Mean_SHI: 影像平均空间异质性指数
    % D_NDVI_scale: NDVI 连续空间尺度转换模型的分维数
    % B_NDVI_scale: NDVI 连续空间尺度转换模型的截距
    % r、p、rlo、rup: 模型构建的通用统计学评价指标
    % Diff: 模型在真实性检验应用时的各尺度上误差
    % Error: 模型在真实性检验应用时的各尺度上误差百分比

    % 读取地表辐亮度影像
    Ref = imread('F:\work\真实性检验\GEOEYE-1\test_geoeye1-
at432bands-1500_1500-rad-tif', 'tif');

    % 读取红光与近红外波段影像数据
    red = Ref(:, :, 2);
    infrared = Ref(:, :, 3);

    S = size(infrared);

    % 计算某一尺度层级 Level（如这里的 Level = 100）下总的尺度个数、各尺度
NDVI 影像的个数及这些影像所对应的平均空间异质性指数的个数
    n1 = 2;
    level = floor(2 * 100 / n1);
    scale = zeros(1, level);
    NDVI_scale = zeros(1, level);
    Mean_SHI = zeros(1, level);

    %%%%%%%%%---------- 获得各尺度及各上推尺度影像 NDVI 均值-------
-%%%%%%%%
```

```
for lev = 1 : level
    step = lev;
    scale(lev) = n1 * step;
    line = floor(S(1) / step);
    col = floor(S(2) / step);
    if line >= col
        line = col;
    end
    img_red_sca = zeros(line, col);
    img_infrared_sca = zeros(line, col);
    NDVI_sca = zeros(line, col);
```

%%%%%%%%%%%%----------计算第一尺度影像（即基础影像）的 NDVI 均值和平均空间异质性指数--------%%%%%%%%%%

```
    if lev == 1
```

%%%%%%%%%%%%----------计算第一尺度影像 NDVI 均值---------%%%%%%%%%%

```
        ndvi = imread('F:\work\真实性检验\GEOEYE-1\test_geoeye1-
at432bands-1500_1500-rad-ndvi-tif', 'tif');
        NDVI_sca = ndvi;
        me_NDVI_sca = mean(mean(NDVI_sca));
        NDVI_scale(lev) = me_NDVI_sca;
```

%%%%%%%%%%%%----------计算第一尺度影像 NDVI 均值-------%%%%%%%%%%

%%%%%%%%%%%%----------计算第一尺度影像平均空间异质性指数--------%%%%%%%%%%

```
        A = NDVI_sca;
        SS = size(A);
        SHI = zeros(SS(1), SS(2));
        for ii = 1:SS(1)
            for jj = 1:SS(2)
                if (ii == 1) || (ii == SS(1)) || (jj == 1) || (jj == SS(2))
                    SHI(ii, jj) = 0;
                elseif (ii ~= 1) && (ii ~= SS(1)) && (jj ~= 1) && (jj ~= SS(2))
```

```
            SHI(ii, jj) = abs(A(ii, jj) - A(ii-1, jj-1));
            SHI(ii, jj) = SHI(ii, jj) + abs(A(ii, jj) -
A(ii-1, jj));
            SHI(ii, jj) = SHI(ii, jj) + abs(A(ii, jj) -
A(ii-1, jj+1));
            SHI(ii, jj) = SHI(ii, jj) + abs(A(ii, jj) -
A(ii, jj-1));
            SHI(ii, jj) = SHI(ii, jj) + abs(A(ii, jj) -
A(ii, jj));
            SHI(ii, jj) = SHI(ii, jj) + abs(A(ii, jj) -
A(ii, jj+1));
            SHI(ii, jj) = SHI(ii, jj) + abs(A(ii, jj) -
A(ii+1, jj-1));
            SHI(ii, jj) = SHI(ii, jj) + abs(A(ii, jj) -
A(ii+1, jj));
            SHI(ii, jj) = SHI(ii, jj) + abs(A(ii, jj) -
A(ii+1, jj+1));
          end
        end
      end
    Mean_SHI(lev) = mean(mean(SHI));
    %%%%%%%%%%%%%---------计算第一尺度影像平均空间异质性指数
--------%%%%%%%%%%
  end
  %%%%%%%%%%%%%---------计算第一尺度影像（即基础影像）的 NDVI 均值和
平均空间异质性指数--------%%%%%%%%%%


  %%%%%%%%%%%%%---------计算各上推尺度影像的 NDVI 均值和平均空间异
质性指数--------%%%%%%%%%%
  if lev > 1
    %%%%%%%%%%%%%---------计算各上推尺度影像 NDVI 均值-------
-%%%%%%%%%%
      for i = 1 : line
        for j = 1: col
            img_red_sca(i, j) = sum(sum(red((i-1) * step +1 :
i * step, (j-1) * step +1 : j * step)));
            img_infrared_sca(i, j) = sum(sum(infrared((i-1)
```

```
* step +1 : i * step, (j-1) * step +1 : j * step)));
                NDVI_sca(i, j) = (img_infrared_sca(i, j) -
img_red_sca(i, j)) / (img_infrared_sca(i, j) + img_red_sca(i, j));
            end
        end
        me_NDVI_sca = mean(mean(NDVI_sca));
        NDVI_scale(lev) = me_NDVI_sca;
        %%%%%%%%%%%%%---------计算各上推尺度影像 NDVI 均值-------
-%%%%%%%%%%%

        %%%%%%%%%%%%%---------计算各上推尺度影像平均空间异质性指数
--------%%%%%%%%%%%
        A = NDVI_sca;
        SS = size(A);
        SHI = zeros(SS(1), SS(2));
        for ii = 1:SS(1)
            for jj = 1:SS(2)
                if (ii == 1) || (ii == SS(1)) || (jj == 1) || (jj
== SS(2))
                    SHI(ii, jj) = 0;
                elseif (ii ~= 1) && (ii ~= SS(1)) && (jj ~= 1) &&
(jj ~= SS(2))
                    SHI(ii, jj) = abs(A(ii, jj) - A(ii-1, jj-1));
                    SHI(ii, jj) = SHI(ii, jj) + abs(A(ii, jj) -
A(ii-1, jj));
                    SHI(ii, jj) = SHI(ii, jj) + abs(A(ii, jj) -
A(ii-1, jj+1));
                    SHI(ii, jj) = SHI(ii, jj) + abs(A(ii, jj) - A(ii,
jj-1));
                    SHI(ii, jj) = SHI(ii, jj) + abs(A(ii, jj) - A(ii,
jj));
                    SHI(ii, jj) = SHI(ii, jj) + abs(A(ii, jj) - A(ii,
jj+1));
                    SHI(ii, jj) = SHI(ii, jj) + abs(A(ii, jj) -
A(ii+1, jj-1));
                    SHI(ii, jj) = SHI(ii, jj) + abs(A(ii, jj) -
A(ii+1, jj));
```

```
                    SHI(ii, jj) = SHI(ii, jj) + abs(A(ii, jj) -
A(ii+1, jj+1));
                    end
                end
            end
        Mean_SHI(lev) = mean(mean(SHI));
        %%%%%%%%%%%%---------计算各上推尺度影像平均空间异质性指数
--------%%%%%%%%%
    end
    %%%%%%%%%%%%---------计算各上推尺度影像的 NDVI 均值和平均空间异
质性指数--------%%%%%%%%%%
end
%%%%%%%%---------获得各尺度及各上推尺度影像 NDVI 均值-------
%%%%%%%%


%%%%%%%%---------构建 NDVI 连续空间尺度转换模型--------%%%%%%%%
% 计算各尺度、各尺度下 NDVI 影像均值两数组的对数
x = log2(1 ./ scale);
y1 = log2(NDVI_scale);
% 对所得对数数组进行直线拟合
num =1;
p1 = polyfit(x, y1, num);
% 基于所得拟合直线方程，计算 NDVI 连续尺度转换模型的分维数
D_NDVI_scale = 2 - p1(1);
B_NDVI_scale = p1(2);
%%%%%%%%---------构建 NDVI 连续空间尺度转换模型--------%%%%%%%%


%%%%%%%%---------计算直线拟合时所对应的理想直线及模型构建的通用统计
学评价指标 r、p、rlo 和 rup--------%%%%%%%%
y_ideal = x .* p1(1) + p1(2);
[r, p, rlo, rup] = corrcoef(y1', y_ideal');
%%%%%%%%---------计算直线拟合时所对应的理想直线及模型构建的通用统计
学评价指标 r、p、rlo 和 rup--------%%%%%%%%


%%%%%%%%---------绘制拟合直线与对应的理想直线--------%%%%%%%%
figure(1);
plot(x, y1, 'bs:', x, y_ideal, 'bd:');
```

```
axis square
ylabel('log2(NDVI)');
xlabel('log2(1/scale)');
```
%%%%%%%%---------绘制拟合直线与对应的理想直线--------%%%%%%%%

%%%%%%%%---------计算模型在真实性检验应用时的各尺度上误差及误差百分比--------%%%%%%%%
```
y1_NDVI = 2.^y1;
y_ideal_NDVI = 2.^y_ideal;
Diff = y1_NDVI - y_ideal_NDVI;
Error = Diff ./ y_ideal_NDVI;
```
%%%%%%%%---------计算模型在真实性检验应用时的各尺度上误差及误差百分比--------%%%%%%%%

%%%%%%%%---------绘制模型在真实性检验应用时的各尺度上误差分布图--------%%%%%%%%
```
figure(2);
plot(scale, Diff, 'bs:');
axis square
ylabel('NDVI1 - NDVI2');
xlabel('scale(m)');
```
%%%%%%%%---------绘制模型在真实性检验应用时的各尺度上误差分布图--------%%%%%%%%

%%%%%%%%---------绘制模型在真实性检验应用时的各尺度上误差百分比分布图--------%%%%%%%%
```
figure(3);
plot(scale, Error, 'bs:');
axis square
ylabel('Error');
xlabel('scale(m)');
```
%%%%%%%%---------绘制模型在真实性检验应用时的各尺度上误差百分比分布图--------%%%%%%%%

%%%%%%%%---------绘制各尺度影像平均空间异质性指数分布图--------%%%%%%%%
```
figure(4);
```

```
plot(scale, Mean_SHI, 'bs:');
axis square
ylabel('Mean SHI');
xlabel('scale(m)');
%%%%%%%%---------绘制各尺度影像平均空间异质性指数分布图--------
-%%%%%%%%
```

附录 4　计算 NDVI 连续空间尺度转换模型构建的最合理尺度层级 Level

```
function [scale, NDVI_scale, D_NDVI_scale, B_NDVI_scale,
Level_s, r_s, p_s, rlo_s, rup_s, max_of_absError_s] =
NDVI_scale_each_level_best_level
    % scale：某一上推尺度
    % NDVI_scale：某一上推尺度 NDVI 影像均值
    % D_NDVI_scale：NDVI 连续空间尺度转换模型的分维数
    % B_NDVI_scale：NDVI 连续空间尺度转换模型的截距
    % Level_s：所有尺度层级 Level 组成的数组
    % r_s、p_s、rlo_s、rup_s：分别为每一尺度层级 Level 下构建所得模型的通
用统计学评价指标 r、p、rlo 及 rup 组成的数组
    % max_of_absError_s：每一尺度层级 Level 下构建所得模型在真实性检验应
用时的最大误差百分比
    % 组成的数组

    % 读取地表辐亮度影像
    Rad = imread('F:\work\真实性检验\GEOEYE-1\test_geoeye1-
at432bands-1500_1500-rad-tif.tif', 'tif');

    % 读取红光与近红外波段影像数据
    red = Rad(:, :, 2);
    infrared = Rad(:, :, 3);

    S = size(infrared);
    n1 = 2;

    % 计算遥感影像行列数不一定相同情况下所得的总的尺度层级数组 resolu
    % 为满足模型构建的统计学要求，尺度层级 Level 至少等于 3
    if S(1) >= S(2)
        resolu = zeros(1, S(2)-2);
    elseif S(1) < S(2)
        resolu = zeros(1, S(1)-2);
    end
```

```matlab
% resolu 的每一元素值对应于每一尺度层级 Level 所对应的最大上推尺度
for i = 1 : length(resolu)
    resolu(i) = (i + 2) * n1;
end
```

% 设定总的尺度层级数组、各尺度层级下所构建模型的评价参数 r、p、rlo、rup_s 和 max_of_absError
% 分别组成的数组

```matlab
Level_s = zeros(size(resolu));
r_s = zeros(size(resolu));
p_s = zeros(size(resolu));
rlo_s = zeros(size(resolu));
rup_s = zeros(size(resolu));
max_of_absError_s = zeros(size(resolu));
```

%%%%%%%%---------计算每一尺度层级下所构建模型及模型的评价参数 r、p、rlo、rup_s 和 max_of_absError--------%%%%%%%%

```matlab
for ii = 1 : length(resolu)
```

% 由每一尺度层级值 Level（这里表示为变量 level）确定尺度、各尺度 NDVI 影像均值的总个数

```matlab
    level = floor(resolu(ii) / n1);
    Level_s(ii) = level;
    scale = zeros(1, level);
    NDVI_scale = zeros(1, level);
```

%%%%%%%%---------获得每一尺度层级 Level 下各尺度及各上推尺度影像 NDVI 均值--------%%%%%%%%

```matlab
    for lev = 1 : level
        step = lev;
        scale(lev) = n1 * step;
        line = floor(S(1) / step);
        col = floor(S(2) / step);
        if line >= col
            line = col;
        end
        img_red_sca = zeros(line, col);
        img_infrared_sca = zeros(line, col);
```

```
        NDVI_sca = zeros(line, col);

        %%%%%%%%%%%%----------计算第一尺度影像 NDVI 均值--------
%%%%%%%%%%
        if lev == 1
            ndvi = imread('F:\work\ 真实性检验 \GEOEYE-1\test_
geoeye1-at432bands-1500_1500-rad-ndvi-tif.tif', 'tif');
            me_NDVI_sca = mean(mean(ndvi));
            NDVI_scale(lev) = me_NDVI_sca;
        end
        %%%%%%%%%%%%----------计算第一尺度影像 NDVI 均值--------
%%%%%%%%%%


        %%%%%%%%%%%%----------计算各上推尺度影像 NDVI 均值--------
%%%%%%%%%%
        if lev > 1
            for i = 1 : line
                for j = 1: col
                    img_red_sca(i, j)=sum(sum(red((i-1) * step+1:
i * step, (j-1) * step +1 : j * step)));
                    img_infrared_sca(i, j) = sum(sum(infrared
((i-1) * step +1 : i * step, (j-1) * step +1 : j * step)));
                    NDVI_sca(i, j) = (img_infrared_sca(i, j) -
img_red_sca(i, j)) / (img_infrared_sca(i, j) + img_red_sca(i, j));
                end
            end
            me_NDVI_sca = mean(mean(NDVI_sca));
            NDVI_scale(lev) = me_NDVI_sca;
        end
        %%%%%%%%%%%%----------计算各上推尺度影像 NDVI 均值--------
%%%%%%%%%%
    end
    %%%%%%%%----------获得每一尺度层级 Level 下各尺度及各上推尺度影像
NDVI 均值--------%%%%%%%%


    %%%%%%%%----------构建各尺度层级 Level 下的 NDVI 连续空间尺度转换
模型--------%%%%%%%%
```

```
% 计算各尺度、各尺度下 NDVI 影像均值两数组的对数
x = log2(1 ./ scale);
y1 = log2(NDVI_scale);
% 对所得对数数组进行直线拟合
num =1;
p1 = polyfit(x, y1, num);
% 基于所得拟合直线方程，计算 NDVI 连续尺度转换模型的分维数
D_NDVI_scale = 2 - p1(1);
B_NDVI_scale = p1(2);
```

%%%%%%%%---------构建各尺度层级 Level 下的 NDVI 连续空间尺度转换模型--------%%%%%%%%

%%%%%%%%---------计算各尺度层级 Level 下直线拟合时所对应的理想直线及模型构建的通用统计学评价指标 r、p、rlo 和 rup --------%%%%%%%%

```
y_ideal = x .* p1(1) + p1(2);
[r, p, rlo, rup] = corrcoef(y1', y_ideal');
r_s(ii) = r(1, 2);
p_s(ii) = p(1, 2);
rlo_s(ii) = rlo(1, 2);
rup_s(ii) = rup(1, 2);
```

%%%%%%%%---------计算各尺度层级 Level 下直线拟合时所对应的理想直线及模型构建的通用统计学评价指标 r、p、rlo 和 rup --------%%%%%%%%

%%%%%%%%---------绘制各尺度层级 Level 下拟合直线与对应的理想直线--------%%%%%%%%

```
figure(1);
plot(x, y1, 'bs:', x, y_ideal, 'bd:');
axis square
ylabel('log2(NDVI)');
xlabel('log2(1/scale)');
```

%%%%%%%%---------绘制各尺度层级 Level 下拟合直线与对应的理想直线--------%%%%%%%%

%%%%%%%%---------计算各尺度层级 Level 下所得模型在真实性检验应用时的各尺度上误差、误差百分比及最大误差百分比--------%%%%%%%%

```
y1_NDVI = 2.^y1;
y_ideal_NDVI = 2.^y_ideal;
```

```
        Diff = y1_NDVI - y_ideal_NDVI;
        Error = Diff ./ y_ideal_NDVI;
        max_of_absError_s(ii) = max(max(abs(Error)));
```
        %%%%%%%%---------计算各尺度层级 Level 下所得模型在真实性检验应用
时的各尺度上误差、误差百分比及最大误差百分比--------%%%%%%%%

        %%%%%%%%---------绘制各尺度层级 Level 下所得模型在真实性检验应用
时的各尺度上误差分布图--------%%%%%%%%
```
        figure(2);
        plot(scale, Diff, 'bs:');
        axis square
        ylabel('NDVI1 - NDVI2');
        xlabel('scale(m)');
```
        %%%%%%%%---------绘制各尺度层级 Level 下所得模型在真实性检验应用
时的各尺度上误差分布图--------%%%%%%%%

        %%%%%%%%---------绘制各尺度层级 Level 下所得模型在真实性检验应用
时的各尺度上误差百分比分布图--------%%%%%%%%
```
        figure(3);
        plot(scale, Error, 'bs:');
        axis square
        ylabel('Diff / NDVI2');
        xlabel('scale(m)');
```
        %%%%%%%%---------绘制各尺度层级 Level 下所得模型在真实性检验应用
时的各尺度上误差百分比分布图--------%%%%%%%%
```
    end
```
    %%%%%%%%---------计算每一尺度层级下所构建模型及模型的评价参数 r、p、
rlo、rup_s 和 max_of_absError--------%%%%%%%%

    %%%%%%%%---------绘制各尺度层级 Level 下所得模型的评价参数 r 的变化图
--------%%%%%%%%
```
    figure(4);
    plot(Level_s, r_s, 'bs:');
    axis square
    ylabel('r');
    xlabel('Level');
```
    %%%%%%%%---------绘制各尺度层级 Level 下所得模型的评价参数 r 的变化图

```
--------%%%%%%%

    %%%%%%%%---------绘制各尺度层级 Level 下所得模型的评价参数 p 的变化图
--------%%%%%%%
    figure(5);
    plot(Level_s, p_s, 'bs:');
    axis square
    ylabel('p');
    xlabel('Level');
    %%%%%%%%---------绘制各尺度层级 Level 下所得模型的评价参数 p 的变化图
--------%%%%%%%


    %%%%%%%%---------绘制各尺度层级 Level 下所得模型的评价参数 rlo、rup
的变化图--------%%%%%%%%
    figure(6);
    plot(Level_s, rlo_s, 'bs:', Level_s, rup_s, 'bd:');
    axis square
    ylabel('rlo-rup');
    xlabel('Level');
    %%%%%%%%---------绘制各尺度层级 Level 下所得模型的评价参数 rlo、rup
的变化图--------%%%%%%%%


    %%%%%%%%--------- 绘 制 各 尺 度 层 级 Level 下 所 得 模 型 的 评 价 参 数
max_of_absError 的变化图--------%%%%%%%%
    figure(7);
    plot(Level_s, max_of_absError_s, 'bs:');
    axis square
    ylabel('Max of abs(Error)');
    xlabel('Level');
    %%%%%%%%--------- 绘 制 各 尺 度 层 级 Level 下 所 得 模 型 的 评 价 参 数
max_of_absError 的变化图--------%%%%%%%%
```